AF281973

Journal of Ethnic Microhistory

Issue 10, IV-2024

Zum Andenken an Hugo Wormsbecher (26. Juni 1938 – 20. November 2024)

In memory of Hugo Wormsbecher (June 26, 1938 – November 20, 2024)

„Von hier, von oben, kann ich alle sehen, die auf dem Hof sind."

Hugo Wormsbecher: Unser Hof

"From here, from the top I can sight everyone who is in our courtyard."

Hugo Wormsbecher: Our Courtyard

Abstract

On November 7, 2016, the association 'Training and Research Center ETHNOS e. V.' submitted an application for funding the preparation and implementation of an online workshop "Building up the network for the filming of the Russia-German History" at the Competence Center for Integration / Department 36 of the Arnsberg Government Region.

The sparingly calculated project costs amounted to €7,227.42, of which the association's own share was €1,807.00. The ETHNOS network participants were unanimous that the novella "Our Courtyard" by the classic of Russia-German literature Hugo Wormsbecher had to be filmed first. The corresponding statement from Prof. Dr. Carsten Gansel was also submitted along with that application.

There were many organizational issues that had to be agreed upon before the international film studio was founded: legal form, allotment of tasks, project portfolio, management, financing, etc. Around 50 possible participants from Germany, the post-Soviet states, the USA and Canada expressed their interest in the project. The project had to be carried out in 4 stages:

1. Establishment of the working group using online or Skype conferences; The exchange of opinions had to be preliminary coordinated, summarized and processed by a speaker (approx. 1 month);
2. Conducting in Dortmund (AWO-Meeting-Place, Speckestr. 19, 44357 Dortmund) of a 3-day workshop (Friday afternoon – Sunday morning) of the working group (12 people) with the agenda agreed on by the designated participants:

Friday March 3, 2017

- from 1 p.m. to 3 p.m.: Registration of workshop's participants;
- 3:00 p.m. – 3:15 p.m.: Opening of the workshop (Walther Friesen):
- 3:15 p.m. – 4:45 p.m.: **Discourse by Hugo Wormsbecher "Russia-German literature and current topics for the film adaptation of Russia-German history"**;
- 4.45 p.m. – 5 p.m.: Coffee break;
- 5:00 p.m. – 7:00 p.m.: Exchange of opinions with an online conference, selection and coordination of topics, subjects and literary works for the film adaptation;
- 7:00 p.m. – 7:45 p.m.: Dinner in the AWO-Meeting-Place;
- 7.45 p.m. – Continuation of discussions, summary of the results of the 1st working day.

Saturday March 4th 2017:
- 10:00 a.m. – 11:30 a.m.: Discourse by Woldemar Anz "Promotion of film projects in Russia" with the follow-up contribution by Mikhail Orlov "Investment projects in the film industry";
- 11.30 a.m. – 1 p.m.: Exchange of opinions with an online conference on the topic "Legal form of the German-Russian joint venture for the filming of Russia-German history";
- 1:00 p.m. – 2:30 p.m.: Lunch break;
- 2.30 p.m. – 5.30 p.m.: Exchange of opinions with an online conference on the topic of "Cooperation partners and producers";
- 6:00 p.m. – 9:00 p.m.: A walking tour through Dortmund city center, continued exchange of views during the dinner.

Sunday, March 5, 2017:

- 10:00 – 10:30: Devotional service;
- 10.35 a.m. – 1 p.m.: Development of the roadmap for setting up the Network for filming Russia-German history and coordination of the final documents;
- 1:00 p.m. – 2:00 p.m.: Lunch;
- Friendly conclusion of the workshop, starting the journey home.

3. Informing the online participants of about the results of the workshop. The exchange of opinions was to be coordinated, summarized and processed by a speaker (approx. 1 month).
4. Foundation of "The International Network for Filming Russia-German History

The notice of rejection from the Arnsberg Government Region dated January 25, 2017

Excerpts:

Arnsberg Government Region PO Box 59817
Arnsberg   January 25, 2017
Training and Research
Center ETHNOS e. V.
For the attention of Dr. Walther Friesen
Bermesdickerstr. 9
44357 Dortmund

Support measures within the scope of Section 96 of the Federal Law on Refugees and Exiles (Federal Expellee Law – BVFG) of 1953 in the currently valid version
Project: Online workshop "Building up the network for filming the Russia-German history"
Your application dated November 7th, 2016

Ladies and gentlemen,

your application dated November 7th, 2016 for a grant from the
State of North Rhine-Westphalia to promote a measure in accordance with Section 96 BVFG
I reject.

Argumentation

You are planning an online workshop on "Building up a network for filming Russia-German history". Later, among other things, the novella "Our Courtyard" by Hugo Wormsbecher, who is also scheduled to be a speaker at the planned workshop, should be filmed. Thematically, the central role in Wormsbecher's aforementioned novella is the confrontation with "the injustice suffered by his compatriots under Stalinism" (see, for example, also "Culture Portal West - East").

The fact that such Stalinist acts of injustice took place against members of the Russian-German ethnic group is historically undisputed. However, the critical question to be asked is whether this historical phase should still be viewed today as a significant or even sole influence on identity, or whether - in the interests of international understanding and **appropriate consideration of the cultural interrelationships between the Germans and their eastern neighbours** – other aspects are also more important

could and should be put in the foreground. In principle, a differentiated, balanced historical analysis of the eventful and sometimes painful German-Russian history is desirable.

Even more than with the novella "Our Court", there are particular reservations about the activities of Mr. Wormsbecher in his (political) role as an interest representative for Russia-German affairs. According to our research, Mr. Wormsbecher continues to this day, among other things: for the "restoration of territorial autonomy" of a compact German population on the Volga or in other Russian areas. In this context, according to our knowledge, he also represents the idea of a "repatriation" of German repatriates to a German autonomous area that has yet to be realized.

I view such ideas critically: The memory of the Russia-German past should not be associated with claims of resettlement. In view of the comparatively good overall labour market integration of late repatriates, the demographic development and the **foreseeable shortage of skilled workers in Germany**, the focus should be on the question of how this immigrant group can be optimally integrated into Federal Republic society - if this has not already happened. In my opinion, demands for the resettlement of late repatriates of German origin in Russia are counterproductive.

……………………………………
With best regards
On behalf of

(Dr. Chmel-Menges)

About Hugo Wormsbecher

Hugo (Gustavovich) Wormsbecher was born in 1938 in the Autonomous Soviet Socialist Republic of the Volga Germans. In 1941, he was exiled to Siberia, where he grew up. He worked as a turner, electrician, in a topographical expedition in the semi-deserts of Kazakhstan and in the Alatau Mountains, then – as a teacher, a staff of the editorial boards of the newspapers "Freundschaft" (Friendship) in Zelinograd, "Neues Leben" (New Life) and the editor-in-chief of the almanac "Heimatliche Weiten" (The Vastnesses of Homeland) in Moskau.

"Hugo Wormsbecher's story "Our Courtyard," which was written in 1969 and appeared in the almanac "Heimatliche Weiten" in Moscow in 1984, can be considered a pioneering achievement in

Russian-German literature. ... With the story "Our Courtyard" Hugo Wormsbecher has created an outstanding text that belongs in the canon of German and Russian literature. ... I would like to support the attempt to film the text in every respect. It would be a major undertaking and would enrich the collective memory in every way." (Prof. Dr. Carsten Gansel)

Hugo Wormsbecher has been in the midst of the movement of the Russia-Germans for their rehabilitation since 1963. After the liquidation of the Volga German Autonomous Soviet Socialist Republic and the deportation of all Russia-Germans – the group of the Russia-Germans activists emerged; it moved from silent patience and individual initiatives to the collective action to rehabilitate Russia-Germans and to restore their statehood.

There were two delegations in 1965. The members of the second delegation were received by the Chairman of the Presidium of the Supreme Soviet Anastas Mikoyan. On 7 July 1965 Mikoyan concluded the meeting with these words: *"The Soviet Germans behaved well during the war, after the war, and are behaving well now. They work well. **Now it is impossible to conduct agriculture without Germans in the Virgin Lands**[1] You raise the question of the restoration of the republic. We are well aware that this would be the best solution to your question. But this is not possible, because you need to take half a million people and resettle them."*

Hugo Wormsbecher was one of the founders of the society 'Wiedergeburt' (Rebirth), of the International Association of the Russia-Germans, and of the Federal Cultural Autonomy of the Russia-Germans. He lived in Moscow.

In accordance with the legal instructions on the rejection notice, the association 'Training and Research Center ETHNOS e. V.' has filed a lawsuit against the content of the rejection notice, which slandered Hugo Wormsbecher, at the Gelsenkirchen Administrative Court.

---

1 The Virgin Lands campaign (Russian: Osvoyeniye tseliny) was 1953 plan to boost the Soviet Union's agricultural production in order to alleviate the food shortages in the USSR. 30 million hectares (300,000 km2) of virgin steppe areas in Western Siberia and Northern Kazakhstan were ploughed through and thousands of new state collective farms organised.

Auszug aus der Novelle „Unser Hof"
von Hugo Wormsbecher

5. Only a black flag above the waters

And really, I'm feeling cold. Grandpa Semenych takes me into the hut. I'm feeling very cold. I'm trembling. Even my teeth are chattering.

"Now, drink some milk and have hot potato pancakes", Grandma's seating me at the table.

The mug is rattling in my hands. My teeth are chattering against the mug. The mug is very heavy. I can't hold it, anymore. And I'm not able to sit, anymore.

"Good Lord, again", I hear Grandma.

They're lifting and taking me somewhere. I'm taken to the snow, 'cause I'm feeling much colder. Yes, indeed onto the snow. Onto the fresh snow that has just fallen. There, there're the Arno's footprints… Arno's footprints? Arno's gone away following these footprints? Yes, it's really so. And if I'd follow these footprints I'd catch up with Arno. Only I've got to go quicker. I've got to run. This way, quicker, quicker... The footprints could be seen very good! Now I'll be running to the end of these footprints and there'll be Arno there. Why haven't I started running earlier? Long since, I could have caught up with Arno.

If you're running, you're warming up then. As we were on the way to the rayon's center, we also kept warming up that way. I'm not feeling cold anymore. I'm getting hot already now. I'm even sweating. But I've got to run to catch up with Arno. Only his footprints aren't to be seen anymore. It's 'cause all the snow has melted down. The snow has melted down, 'cause the sun is shining. The sun is shining very, very brightly. And the road is quite dry already. I'm still running along this road, 'cause Arno has gone away down this road. I've been running for so long already! Maybe, the whole day. No, more than that, 'cause the snow has melted down already and it's dry everywhere, you know.

Where am I now? Where I've come running to?

Oh, that's a river port! That's the river port back home on the Volga, where we all had been loaded onto a ship to bring us to a railway station and then to be shifted to a train there. We'd been loaded; and as the steamer began to cast off from the port, everyone started singing and whining. And the Russians, who were standing on the river bank looking at us, also started whining. Only the soldiers with rifles, who were guarding us, so that we embarked well, weren't whining. 'Cause they're true soldiers and the Red Army commanders never cry. They've only lowered their heads to hear the song better.

Even now I'm still hearing this song! It's singing itself from somewhere…

No-o it isn't singing itself. It's simply been staying here since our leaving. Sure, it's so, it was sung to the river bank, you know; and so, it's stayed by the river bank.

But why am I staying here? Why am I not running home? 'Cause our village isn't very far away from here now… And here, it's our village already. Here, it's our street. And our house. I've recognized it at once! 'Cause the whole of it is red. It's just so, as Marijke has painted it.

And there, there's the water well with a winch. And a tub is standing by the water well. Father filled it with water in the morning and Arno bathed in it in the daytime. Sure, he's also bathing in it now. And Robert, who he's going to school with, is also bathing with him. They've got only pants on and they're quite wet. Even the pouch on his back is completely wet. But they're still pouring water over each other and are guffawing, guffawing.

And there, Marijke's sitting on the porch. She's holding in her hands a big piece of red bread with butter. She's eating bread and looking at our Meta. Meta's rubbing against a corner. That means, Meta's shedding its hair and I, together with Arno, will roll up a ball.

And sugar lumps on Marijke's bread are so big! That means, she told the truth then. But I thought, she was telling stories.

But why are they sitting, as if I'm at home. I'm not at home, you know, but they aren't worrying about me. A dog might have bitten me or a bull from the collective farm might have gored me.

But maybe, they were searching after me and haven't found. Really, I was very far away, and I've been running for such a long time.

All right, I'll set foot in the courtyard by myself. No, I'd better cry and let them be searching after me. "Ar-no!" I'm crying.

Arno stops laughing. He's looking around. But I've hidden myself away behind the gate and he doesn't see me.

„Ar-no!" I'm crying once more.

Arno starts searching after me. But would he really find me? I'm very small, you know; it's difficult to find me. I'm running into the courtyard.

"Here I am!" I'm crying loudly and running to Arno. "I've caught up with you! I've caught up with you!"

"Mama!" Arno's crying, "Fritzik has come back!"

Mother's running out of the house. Does it mean that her dear legs have been healed up already and she's gone right away home?

"My little one", Mother says and takes me in her arms, she's kissing me and whining.

"Where have you been for so long? Let's go quickly to Father, he's also waiting."

That means Father's also here. Does it mean that Mother's got to father and they've come home together? Oh, how good it is!

We're entering the house.

"Fritz", Mother says, "have a look now, who has come to us!"

"Well, well, and who's he?" Father says, "O-oh, isn't it Fritzik? Sure, he is!" Father squats and spreads his hands widely, "Run to me!"

I'm running straight into the Father's hands. Father's picking me up and lifting me up very, very high, up to the very ceiling. I feel as if something is even being lamed between my legs. So high it is.

"Now you may throttle me a little bit", Father says.

I haven't throttled father for so long. And now, I'm grown-up and strong. Now I'll be throttling him so that he'd yell right away.

I put my arms round Father's neck and pull it with all might to myself. Father's even closing his eyes, so strong I'm throttling him. And he says promptly:

"Ooh, Fritzik, let me off. You've become so strong! Maybe, I'll take you to school with me soon.

I'm happy. Long since, I've wanted to go once with Father to his school.

Father's going down with me on the floor. That means that we'll be wrestling with him now. I like to wrestle with my father. When at lunch I ate everything, what mother had laid on my plate I always gained the upper hand. Only today maybe Father would win 'cause I haven't eaten for a long time.

Suddenly, Arno's coming into the house. He says:

"Dad, may I take Fritzik with me to dive a bit in the cask?"

"So be it, go", Father says, "We'll be wrestling after the lunch."

I like to dive with Arno in the cask, and I'm running with him to the courtyard.

There're very, very many people who've come up from somewhere into our courtyard. I've never seen so many people, as yet. Oh, but I know all of them, it's really so!

To the right, there're only children in the courtyard. They're standing and sitting in big groups, close to each other. And my father's sitting in the middle of each group.

And grown-ups are sitting and standing to the left. Ther're also very, very many of them, and I also know each and every one of them. There's also our grandfather there. He's on horseback; in one hand he's holding a red flag and a lowered saber – in the other. And a cut off rope's hanging down from his neck. The end of the rope has dropped down and reaches the sabre.

I'm casting a glance backwards. Father has carried a chair with a high backrest out onto the porch. He's sitting very, very upright looking at me. And my mother's standing beside him; she's put her hand on his shoulder and she's looking at me. They're looking at me smiling. It means, they've asked each and every one to come over to us? How great it is!

How hot it is, really! It's so, 'cause the sun is blazing. The sun is blazing very, very strong; even my head is aching. And it's difficult to breathe. I'm breathing with the whole mouth, but all the same I can't breathe in enough, in no way. Everything has dried up in my mouth, and the tongue is such… like raw potato peels.

„Drink", I'm wheezing.

The grandma of Grandpa Semenych is handing me a scoop with water. She's putting her hand on my forehead and says, "Good Lord, the whole of him is just glowing!"

And then again, she's fading and going away somewhere.

The sun goes on blazing in the same way. Only my legs are getting colder. Maybe, it's 'cause the water that I've drunk has gone down to the legs.

No, it's 'cause the earth in the courtyard is chilly. It's chilly 'cause it's wet. Maybe, Arno and Robert have sprinkled the courtyard with water.

No-o, it's not 'cause it's been sprinkled. It's 'cause our courtyard is sliding into the Volga. Somebody's pushing our courtyard into the Volga and it sinks in it slowly. Our courtyard is looking like a very, very big tray, you know. Only its bottom is earthen, and its edges are made of a wooden fence.

Now the whole of our courtyard is on the water. It's so wonderful! Our courtyard is just flowing on the water as a steamer!

Here on the Volga the sun is shining so brightly! It's even painful to look at it, and the whole of the sky is overcast with circlets, of different colors and the black ones. And snowflakes are falling down out of these circlets. The snowflakes are falling direct into the water. And in the water, they turn into little silvery fishes.

But alas, these aren't little silvery fishes. These are little silvery camels! At the very moment a snowflake falls down, a camelly bubbles out of the water. It would stretch out its long neck, shake off the water and would walk side by side with the courtyard. The snowflakes are falling down unceasingly, and silvery camellies with high towered heads are marching slowly on the endless waters. How beautiful!

And what's there behind the hedge? A cart is rolling there. Is this cart rolling on the water surface? Of course, it is so, right on the water. 'Cause this water is even and smooth, and the cart is rolling on it easily.

And who's been harnessed to the cart? Ouch, that's Auntie Ida! She labours hard to drag the cart's shaft pressing her shabby felt boots firmly against the water. Gaily colored tagrags stick out from the holes of her felt boots. Auntie Ida is slowly dragging the cart, throwing backwards and aside her shabby felt boots with sticking out tagrags.

And who's there on her cart's rear? Oh, that's also Auntie Ida! It's so amazing: Auntie Ida is pulling herself.

The Auntie Ida who's sitting on the cart is looking at me. She looking at me, she's, smiling cunningly and she's luring me with her forefinger. Why she's calling me to her? Would she like to barter my felt boots? But I'm not having any felt boots, I'm barefoot, you know…

And maybe, she wants that I left our courtyard? Does she really think that I could do without our courtyard? Without our courtyard where my mother, my father, and Arno, and Marijke live – all my dearest ones who I love? How could I leave all of them? 'Cause I'm a grown-up already and must help to keep the courtyard in order… What has Auntie Ida pictured to herself?

But maybe, she'd like to call on us and she's calling me to open the gate and let her in? But it's not allowed to open the gate, you know; then the water would pour into it and our courtyard would go under water and there'll be none of us left anymore. Isn't she aware of that? Then why is she calling me?

"Why are you calling me?" I ask, but she's silent.

And now I notice that our courtyard has already moved very, very far away off the Volga River bank … No-o, maybe it's not the Volga already now. Sure, it's not the Volga! This water is different. 'Cause no bank is to be seen anywhere. There's only water all around. Where are we floating? And where are we floating to?

And how I'd run back? I do want to run back to Grandpa Semenych and his Grandma, you know. I want to run to take them, to bring them here, so that they also were here, together with us. I want they were with us 'cause I love them. And I also love Auntie Dasha – she's kind, she's taking round black shawls for everyone, let her also be with us. And the head of the collective farm, who gave us potatoes, let him also be with us. I'll bring all of them. And we all will be living together, in one courtyard. And it'll be good for all of us.

But how I'd run now back to take them? When will dock our courtyard again at the bank and take its own place?..

The cart that's being dragged by Auntie Ida is already at the gate. Auntie Ida who's sitting on the cart is again luring me with her finger. She isn't smiling anymore. She's looking at me very, very dreadfully.

„No! I won't open the gate!"

Then another Auntie Ida who's dragging the cart is knocking severely at the gate with her crooked finger. Knock. Knock. Knock.

I'm shaking my head, "No!"

She's knocking again. Knock. Knock. Knock. But now both Aunties Idas are looking at me very, very dreadfully.

"No-o!" I want to shriek out, "No-o!"

But I can't cry. Nor am I able to move. 'Cause I'm so scared that the whole of my skin has got the prickly creeps and hair on my head is moving.

"No-o!" I'm crying voiceless, but now both Aunties Idas strike together on our gate, its bolt flies off and it opens widely. I sight how the cart is rolling on and both Aunties Idas are looking at me smiling gloatingly. And water is streaming through the gate. It knocks me down whirling around the courtyard, and then turns round dragging me back to the water well. It's falling down into the well under me, having undone the chain with the bucket. But I manage in time to put my arms round the winch and I'm clinging round it with all my might.

From here, from the top I can sight everyone who is in our courtyard. The water has already reached already up to their waists, but they're silent and aren't moving even. But why are they silent? They really must cry, 'cause water is really streaming into our courtyard! But why all of them are standing silently doing nothing?

"Why are you silent?" I'm crying holding firmly above the well with all my might. "Why aren't you doing anything? 'Cause our courtyard is really sinking!"

But maybe, nobody's hearing me, 'cause I'm really crying voiceless as I'm not having any voice at all, I don't know why.

I'm looking there where children with my father were. All of them have been already flooded there. Only Father's head is to be seen above the water at some places. Father's looking somewhere far away and is also silent.

Ouch, what's this? He's really having a scar on his forehead! Exactly like the one Friedrich Karlowich had! Where has he got it from?

I'm looking the other way. But really, everyone who was in our courtyard has got such a scar! The tiny scars are even to be seen on kid's faces. I'm also having such a tiny scar; I can sight it too. That is why we aren't able to do anything and even can't cry! Only my grandpa isn't having such a scar.

And water is rising up and rising up, further on. It's covering the shoulders, splashing against the faces that aren't even shaking. Now the eyes are already looking from under the water and in the same way – they are looking at something far away. And now the scars are disappearing under the water.

There aren't scars anymore. Not a single one. 'Cause there isn't anyone left anymore.

Now, only my grandpa remains above the water. It's so, 'cause he's on horseback. He's still holding the flag in one hand and his saber – in the other.

The tiny timber beam I'm clinging to has got loose from the door-hinge and I'm floating with it in water. But I'm not being swept away; maybe, the chain has clipped the beam to the log of the wooden wellhead and it doesn't let me float away from our courtyard.

The courtyard sinks slowly deep under the water. Soon my grandpa would be under the water and I'd be left totally alone on its surface. What should I do then?.. No, I don't want to be alone. I want to be together with all those who were in our courtyard. Indeed, I want to be together with all of them.

With all of them? Does it mean that I also will have to go under water? Yeah, sure. I must also go under the water. I simply have to let tiny beam go. 'Cause I can't swim in this water — and I'd sink under it in no time. And then I'd join all of them.

But could I dare to do it? I'm really the only one left from all of us and if I'd also go under water, then there'd be none anymore. None would even remember that we were and did have our own courtyard.

But why still to keep it in mind? And why only I should exist and remember it? I can't stand it anymore. I've just wanted already to forget it all, but I can't. Nothing can I forget. But to remember it all and to exist is also impossible for me.

What should I do then? I'm so tired of everything. I've been running for so many years to my home that is now under water! I've been on the way in other waters for so many years! And for so many years I'm trying to balance over the well with the last of my strength! I can't anymore. I also do want to go under water. To forget everything. And not to be anymore.

I'm looking at my grandpa,

"Grandpa, can I also go under water to join all of us? Why to wait? And what we are waiting for? Please, tell me that I can. Grandpa, say it! Please!"

I'm looking at my grandpa. I'm looking at my grandpa and see that the rope on his neck begins to move. Maybe, my grandpa wants to tell me something! Maybe, he wants let me do it!

"Come on, Grandpa!"

But my grandpa is silent. It's the water that moves the rope. The water is coming up higher and higher and blankets my grandpa.

For the last time I look around. Now, there's nothing left anymore over the water, dark water. Only a black flag is there. And a rope is jerking slightly under it.

Keywords: Hugo Wormsbecher | Our Courtyard | Arnsberg Government Region | Dr. Chmel-Menges

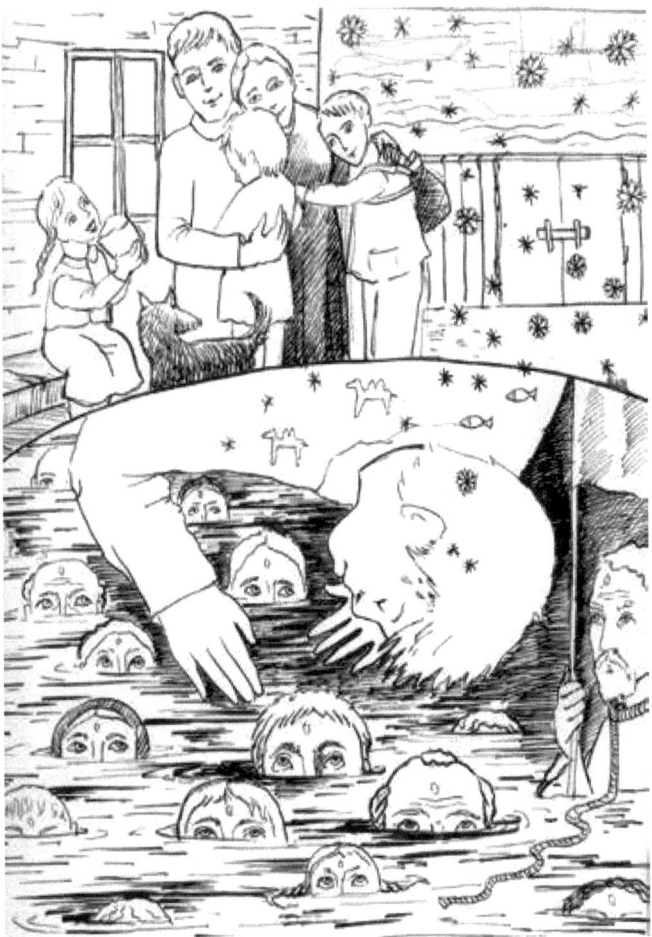

Drawing by Swetlana Hinz

Original documents in German

Auszüge aus dem Ablehnungsbescheid der Bezirksregierung Arnsberg:

Bezirksregierung Arnsberg
Postfach 59817 Arnsberg   25.01.2017

Ausbildungs- und Forschungs-
Zentrum ETHNOS e.V.
z. Hd. Herrn Dr. Walther Friesen
Bermesdickerstr. 9
44357 Dortmund

Fördermaßnahmen im Aufgabenbereich des § 96 Gesetzes über die Angelegenheiten der Vertriebenen und Flüchtlinge (Bundesvertriebenengesetz – BVFG) vom 1953 in der zurzeit gültigen Fassung
Projekt: Online Workshop „Aufbau des Netzwerkes zur Verfilmung der russlanddeutschen Geschichte"
Ihr Antrag vom 07.11.2016

Sehr geehrte Damen und Herren,

Ihren Antrag vom 07.11.2016 auf Gewährung einer Zuwendung des Landes Nordrhein-Westfalen zur Förderung einer Maßnahme gem. § 96 BVFG lehne ich ab.

Begründung

Mit Datum vom 07.11.2016 beantragen Sie im Rahmen des § 96 BVFG eine Förderung in Höhe von 4.968,00 €. Mit den beantragten Mitteln soll ein Workshop zum Aufbau des Netzwerkes und zur Verfilmung der russlanddeutschen Geschichte durchgeführt werden.

Zuwendungen für einzelne Maßnahmen können unter den Voraussetzungen des § 96 BVFG dann gewährt werden, wenn die Sicherung und Erforschung des Kulturgutes aus den Gebieten im östlichen Europa, in denen früher Deutsche gelebt haben oder heute noch leben (Vertreibungsgebiete), erzielt werden sollen. Die Maßnahmen müssen die kulturellen Wechselbeziehungen zwischen den Deutschen und ihren östlichen Nachbarn sowie deren Kulturleistungen angemessen berücksichtigen. Maßnahmen, die dem Gedanken der Völkerverständigung zuwiderlaufen, sind von der Förderung ausgeschlossen.
Sie planen einen Online-Workshop zum „Aufbau eines Netzwerkes zur Verfilmung der russlanddeutschen Geschichte". Später soll dann u. a. die Novel-

le „Unser Hof" von Hugo Wormsbecher, der für den geplanten Workshop auch als Referent vorgesehen ist, verfilmt werden. Thematisch spielt in der genannten Novelle Wormsbechers die Auseinandersetzung mit „dem in Stalinismus erlitten Unrecht seiner Landsleute" (siehe z. B, auch „Kulturportal West – Ost") die zentrale Rolle.

Dass es solche stalinistischen Unrechtshandlungen an Angehörigen der russlanddeutschen Volksgruppe gegeben hat, ist historisch unstrittig. Allerdings ist kritisch zu fragen, ob diese geschichtliche Phase auch heute noch als maßgeblich oder gar alleinig identitätsprägend betrachtet werden sollte, oder ob – im Sinne der Völkerverständigung und einer **angemessenen Berücksichtigung der kulturellen Wechselbeziehungen** zwischen den Deutschen und ihren östlichen Nachbarn – nicht auch andere Aspekte stärker in den Vordergrund gestellt werden könnten und sollten. Grundsätzlich ist eine differenzierte, ausgewogene historische Aufarbeitung der wechsel- und teilweise leidvollen deutsch-russischen Geschichte wünschenswert.

Mehr noch als gegenüber der Novelle „Unser Hof" bestehen hier insbesondere Vorbehalte gegenüber den Aktivitäten von Herrn Wormsbecher in seiner (politischen) Rolle als Interessenvertreter für russlanddeutsche Angelegenheiten. Nach unseren Recherchen setzt sich Herr Wormsbecher bis heute u. a. für die „Wiederherstellung der territorialen Autonomie" einer kompakt siedelnden deutschen Bevölkerung an der Wolga oder in anderen russischen Gebieten ein. In diesem Zusammenhang vertritt er darüber hinaus nach unseren Kenntnissen die Idee einer „Rückwanderung" von deutschen Spätaussiedlern in ein demnach noch zu realisierendes deutsches Autonomiegebiet.

Solche Vorstellungen betrachte ich kritisch. Die Erinnerung an die russlanddeutsche Vergangenheit sollte nicht mit Rückansiedlungssprüchen in Verbindung gebracht werden. Auch sollte angesichts der insgesamt vergleichsweise guten Arbeitsmarktintegration von Spätaussiedlern, der demografischen Entwicklung und des **absehbaren Fachkräftemangels in Deutschland** die Frage im Vordergrund stehen, wie diese Zuwanderungsgruppe – soweit nicht bereits erfolgt – optimal in die bundesrepublikanische Gesellschaft integriert werden kann. Forderungen nach einer Rückansiedlung **deutschstämmiger Spätaussiedler** in Russland sind m. E. kontraproduktiv. Angesichts der dargelegten Vorbehalte hatten wir Ihnen im Zuge der Antragsbearbeitung die Gele-

genheit gegeben, weitere konkrete „volksgruppenidentitätsprägende Schwerpunktthemen" zu benennen, die Sie im Rahmen Ihres geplanten Workshops mit Blick auf spätere Verfilmungen recherchieren bzw. durch (Online-)Befragungen, Diskussionen etc. herausarbeiten möchten. Trotzdem ist unklar geblieben, welche konkreten identitätsprägenden Themenschwerpunkte gemeint sein könnten – abgesehen von der genannten Novelle „Unser Hof", deren Eignung diesbezüglich in Frage zu stellen ist.

Insofern sind die Inhalte des Projektes trotz umfangreicher Sachaufklärung nicht schlüssig dargelegt worden. Die Zielrichtung der Maßnahme ist teilweise nicht klar bzw. – soweit sie konkret benannt wurde – nicht mit Landesinteressen in Einklang zu bringen.

Ihr Antrag auf Förderung war daher abzulehnen. Ich bedaure, Ihnen keine für Sie günstige Mitteilung machen zu können.

Rechtsbelehrung

Gegen diesen Bescheid kann innerhalb eines Monats nach seiner Bekanntgabe Klage bei dem Verwaltungsgericht Gelsenkirchen, Bahn-hofsvorplatz 3, 45879 Gelsenkirchen, schriftlich oder zur Niederschrift des Urkundsbeamten der Geschäftsstelle dieses Gerichts erhoben werden.
…

Mit freundlichen Grüßen
Im Auftrag

(Dr. Chmel-Menges)

Original des Ablehnungsbescheids vom 25.01.2017 auf den Antrag vom 07.11.2016 auf Gewährung einer Zuwendung des Landes Nordrhein-Westfalen zur Förderung einer Maßnahme gem. § 96 BVFG / Projekt: Online Workshop „Aufbau des Netzwerkes zur Verfilmung der russlanddeutschen Geschichte"

Bezirksregierung
Arnsberg

Bezirksregierung Arnsberg • Postfach • 59817 Arnsberg

**Ausbildungs- und Forschungs-
Zentrum ETHNOS e. V.
z. Hd. Herrn Dr. Walther Friesen
Bermesdickerstr. 9
44357 Dortmund**

Datum: 25.01.2017
Seite 1 von 5

Aktenzeichen:
36.2.1 -96-1/2017
bei Antwort bitte angeben

Auskunft erteilt:

edeltraud.kaffka@bra.nrw.de
Telefon: 02931/82-
Fax: 02931/82-2909

Dienstgebäude:
Seibertzstr. 1
59821 Arnsberg

Fördermaßnahmen im Aufgabenbereich des § 96 Gesetzes über die Angelegenheiten der Vertriebenen und Flüchtlinge (Bundesvertriebenengesetz - BVFG) vom 19.05.1953 in der zurzeit gültigen Fassung
Projekt: Online Workshop „Aufbau des Netzwerkes zur Verfilmung der russlanddeutschen Geschichte"

Ihr Antrag vom 07.11.2016

Sehr geehrte Damen und Herren,

Ihren Antrag vom 07.11.2016 auf Gewährung einer Zuwendung des Landes Nordrhein-Westfalen zur Förderung einer Maßnahme gem. § 96 BVFG lehne ich ab.

Begründung

Mit Datum vom 07.11.2016 beantragten Sie im Rahmen des § 96 BVFG eine Förderung in Höhe von 4.968,00 €. Mit den beantragten Mitteln soll ein Workshop zum Aufbau des Netzwerkes und zur Verfilmung der russlanddeutschen Geschichte durchgeführt werden.

Zuwendungen für einzelne Maßnahmen können unter den Voraussetzungen des § 96 BVFG dann gewährt werden, wenn die Sicherung und Erforschung des Kulturguts aus den Gebieten im östlichen Europa, in denen früher Deutsche gelebt haben oder heute noch leben (Vertrei-

Hauptsitz:
Seibertzstr. 1, 59821 Arnsberg

Telefon: 02931 82-0

poststelle@bra.nrw.de
www.bra.nrw.de

Servicezeiten:
Mo-Do   08:30 – 12:00 Uhr
             13:30 – 16:00 Uhr
Fr   08:30 – 14:00 Uhr

Landeskasse Düsseldorf bei
der Helaba:
IBAN:
DE27 3005 0000 0004 0080 17
BIC: WELADEDD

Umsatzsteuer ID:
DE123878675

Wichtiger Hinweis (wegen weiterer digitaler Postbearbeitung):
Unterlagen bitte nicht klammern, heften oder kleben und möglichst im DIN-A4-Format senden.

Bezirksregierung Arnsberg

bungsgebiete), erzielt werden sollen. Die Maßnahmen müssen die kulturellen Wechselbeziehungen zwischen den Deutschen und ihren östlichen Nachbarn sowie deren Kulturleistungen angemessen berücksichtigen. Maßnahmen, die dem Gedanken der Völkerverständigung zuwiderlaufen, sind von der Förderung ausgeschlossen.

Ein Anspruch auf Gewährung besteht nicht. Grundlage der Antragsprüfung sind ein pflichtgemäßes Ermessen im Rahmen der verfügbaren Haushaltsmittel, aber auch inhaltliche Kriterien hinsichtlich des Projekts, für das eine Zuwendung des Landes beantragt wird.

Sie planen einen Online-Workshop zum „Aufbau eines Netzwerkes zur Verfilmung der russlanddeutschen Geschichte". Später soll dann u. a. die Novelle „Unser Hof" von Hugo Wormsbecher, der für den geplanten Workshop auch als Referent vorgesehen ist, verfilmt werden. Thematisch spielt in der genannten Novelle Wormsbechers die Auseinandersetzung mit „dem im Stalinismus erlittenen Unrecht seiner Landsleute" (siehe z. B. auch „Kulturportal West – Ost") die zentrale Rolle.

Dass es solche stalinistischen Unrechtshandlungen an Angehörigen der russlanddeutschen Volksgruppe gegeben hat, ist historisch unstrittig. Allerdings ist kritisch zu fragen, ob diese geschichtliche Phase auch heute noch als maßgeblich oder gar alleinig identitätsprägend betrachtet werden sollte, oder ob – im Sinne der Völkerverständigung und einer angemessenen Berücksichtigung der kulturellen Wechselbeziehungen zwischen den Deutschen und ihren östlichen Nachbarn – nicht auch andere Aspekte stärker in den Vordergrund gestellt werden könnten und sollten. Grundsätzlich ist eine differenzierte, ausgewogene historische Aufarbeitung der wechsel- und teilweise leidvollen deutsch-russischen Geschichte wünschenswert.

Bezirksregierung
Arnsberg

Mehr noch als gegenüber der Novelle „Unser Hof" bestehen hier insbesondere Vorbehalte gegenüber den Aktivitäten von Herrn Wormsbecher in seiner (politischen) Rolle als Interessenvertreter für russlanddeutsche Angelegenheiten. Nach unseren Recherchen setzt sich Herr Wormsbecher bis heute u. a. für die „Wiederherstellung der territorialen Autonomie" einer kompakt siedelnden deutschen Bevölkerung an der Wolga oder in anderen russischen Gebieten ein. In diesem Zusammenhang vertritt er darüber hinaus nach unseren Kenntnissen die Idee einer „Rückwanderung" von deutschen Spätaussiedlern in ein demnach noch zu realisierendes deutsches Autonomiegebiet.

Solche Vorstellungen betrachte ich kritisch: Die Erinnerung an die russlanddeutsche Vergangenheit sollte nicht mit Rückansiedlungsansprüchen in Verbindung gebracht werden. Auch sollte angesichts der insgesamt vergleichsweise guten Arbeitsmarktintegration von Spätaussiedlern, der demografischen Entwicklung und des absehbaren Fachkräftemangels in Deutschland die Frage im Vordergrund stehen, wie diese Zuwanderergruppe – soweit nicht ohnehin bereits erfolgt – optimal in die bundesrepublikanische Gesellschaft integriert werden kann. Forderungen nach einer Rückansiedlung deutschstämmiger Spätaussiedler in Russland sind insofern m. E. kontraproduktiv.

Angesichts der dargelegten Vorbehalte hatten wir Ihnen im Zuge der Antragsbearbeitung die Gelegenheit gegeben, weitere konkrete „volksgruppenidentitätsprägende Schwerpunktthemen" zu benennen, die Sie im Rahmen Ihres geplanten Workshops mit Blick auf spätere Verfilmungen recherchieren bzw. durch (Online-)Befragungen, Diskussionen etc. herausarbeiten möchten. Trotzdem ist unklar geblieben, welche konkreten identitätsprägenden Themenschwerpunkte gemeint sein könnten – abgesehen von der genannten Novelle „Unser Hof", deren Eignung diesbezüglich in Frage zu stellen ist.

Bezirksregierung Arnsberg

Insofern sind die Inhalte des Projekts trotz umfangreicher Sachaufklärung nicht schlüssig dargelegt worden. Die Zielrichtung der Maßnahme ist teilweise nicht klar bzw. – soweit sie konkret benannt wurde – nicht mit Landesinteressen in Einklang zu bringen.

Ihr Antrag auf Förderung war daher abzulehnen. Ich bedauere, Ihnen keine für Sie günstigere Mitteilung machen zu können.

Rechtsbehelfsbelehrung

Gegen diesen Bescheid kann innerhalb eines Monats nach seiner Bekanntgabe Klage bei dem Verwaltungsgericht Gelsenkirchen, Bahnhofsvorplatz 3, 45879 Gelsenkirchen, schriftlich oder zur Niederschrift des Urkundsbeamten der Geschäftsstelle dieses Gerichts erhoben werden. Die Klage kann auch in elektronischer Form nach Maßgabe der Verordnung über den elektronischen Rechtsverkehr bei den Verwaltungsgerichten und Finanzgerichten im Lande Nordrhein-Westfalen - ERVVO VG/FG - vom 07.11.2012 (GV.NRW 2012 S. 548) in der jeweils geltenden Fassung eingereicht werden. Das elektronische Dokument muss mit einer qualifizierten elektronischen Signatur nach § 2 Nummer 3 des Signaturgesetzes vom 16. Mai 2001 (BGBl. I S. 876) in der jeweils geltenden Fassung versehen sein und an die elektronische Poststelle des Gerichts übermittelt werden.

Die Klage muss den Kläger, den Beklagten und den Gegenstand des Klagebegehrens bezeichnen und soll einen bestimmten Antrag enthalten. Die zur Begründung dienenden Tatsachen und Beweismittel sollen angegeben, der angefochtene Bescheid soll in Urschrift oder in Abschrift

Bezirksregierung Arnsberg

beigefügt werden. Der Klage sollen Abschriften für die übrigen Beteilig-
ten beigefügt werden.

Hinweise zur Klageerhebung in elektronischer Form und zum elektronischen Rechtsverkehr finden Sie auf der Homepage des Oberverwal-
tungsgerichts Nordrhein-Westfalen und des oben genannten Verwaltungsgerichts. Bei der Verwendung der elektronischen Form sind besondere technische Rahmenbedingungen zu beachten. Die besonderen
technischen Voraussetzungen sind unter www.egvp.de aufgeführt.

Mit freundlichen Grüßen
Im Auftrag

(Unterschrift)

(Dr. Chmel-Menges)

Klageantrag

Dortmund, den 17. Februar 2017

Dr. Walther Friesen
Vorstandsvorsitzender
des Vereins ‚Ausbildungs-
und Forschungszentrum ETHNOS e. V.'
Bermesdickerstr. 9
44357 Dortmund

Verwaltungsgericht Gelsenkirchen
Bahnhofsvorplatz 3
45879 Gelsenkirchen

Kläger: Dr. Walther Friesen, Vorstandsvorsitzender des Vereins ‚Ausbildungs- und Forschungszentrum ETHNOS e. V.'
Beklagter: Herr Dr. Chmel-Menges
Gegenstand des Klagebegehrens: Ablehnungsbescheid der Bezirksregierung Arnsberg vom 25.01.2017, unterschrieben durch Herrn Dr. Chmel-Menges, zum Antrag des Vereins ‚Ausbildungs- und Forschungszentrum ETHNOS e. V.' vom 07.11.2016 auf Gewährung einer Zuwendung des Landes Nordrhein-Westfalen zur Förderung des Projektes Online Workshop **‚Aufbau des Netzwerkes zur Verfilmung der russlanddeutschen Geschichte'** gem. § 96 BVFG.

Sehr geehrte Damen und Herren,

Aussage des Beklagten:
0.1. Im o. g. Ablehnungsbescheid *„fragt"* Herr Dr. Chmel-Menges „kritisch", *„ob diese geschichtliche Phase („Unrechtshandlungen an Angehörigen der russlanddeutschen Volksgruppe") auch heute noch als maßgeblich oder gar alleinig identitätsprägend betrachtet werden sollte".*
Stellungnahme der klagenden Partei:
1. Der Sowjetische Staat beging die „Unrechtshandlungen", die dem Völkermord gleich sind. Beweise:
1.1. Erlaß des Präsidiums des Obersten Sowjets der Union der SSR: *Über die Übersiedlung der Deutschen, die in den Wolgarayons wohnen* vom 28. August 1941;
1.2. Erlass № 1123cc: *Über den Einsatz deutscher Umsiedler im wehrfähigen Alter von 17 bis 50 Jahren* vom 10. Januar 1942;
1.3. Erlass № 1281cc: *Über die Mobilisierung der deutschen Männer im wehrfähigen Alter von 17 bis 50, die einen ständigen Aufenthaltsort in den Bezirken, Kreisen, Autonomen Republiken und Unionsrepubliken haben* vom 14. Februar 1942;

1.4. Erlass № 2383: *Über die zusätzliche Mobilisierung der Deutschen für die Volkswirtschaft der UdSSR* vom 7. Oktober 1942;
1.5. Direktive № 0083 des Volkskommissariat für innere Angelegenheiten (NKWD): *Über die Organisation der Einheiten der mobilisierten Deutschen in den Lagern des NKWD der UdSSR* vom 12. Januar 1942.
2. Die an den Russlanddeutschen vom sowjetischen Staat begangenen „Unrechtshandlungen", die dem Völkermord gleich sind, sind auch heute mehr als „maßgeblich identitätsprägend" für die Russlanddeutschen;
2.1. 1949 wurde ich im Konzentrationslager für Deutsche ‚Zeche 6' geboren. 1953 wurden meine Eltern und ich in Begleitung von 2 NKWD-Beamten nach deutschem Konzentrationsgebiet im Süd-Ural fortgeschafft, wo 1954 in der Nähe unserer Ansiedlung auf dem Truppenübungsgelände Tozkoje ein Kernwaffentest auf der Höhe von 350 m stattfand. An dessen Folgen leide ich bis jetzt. Bis 1955 stand ich unter der NKWD-Überwachung. Wegen der KZ-Dokumentationsverwirrung bin ich nicht in Deutschland als Deutscher anerkannt worden, was für mich schwerwiegende Folgen hat (wie z. B. in den Rentenangelegenheiten). Am 7.12.1994 bekam mein Vater die NKWD-Auskunft, dass er keinen Sohn habe. Am 23.02.1995 gelang es mir letztendlich die handschriftliche Geburtsurkunde mit der Geburtsortangabe wie ein „Duplikat", in der meine Eltern eingetragen sind, zu bekommen. **Für mich sind diese „Unrechtshandlungen" keine „geschichtliche Phase"** (so Herr Dr. Chmel-Menges). **Es ist mein Leben!**
Weitere Zeugen:
2.2. Frau Marta Weigand, die über das Meisterwerk ‚Unser Hof' des Klassikers der russlanddeutschen Literatur Hugo Wormsbecher schreibt: „Danke für die Novelle, ohne Tränen konnte ich es nicht lesen. So vieles, was die Eltern erzählt haben, kommt in Erinnerung. Meine beiden Eltern waren in Arbeitslagern. Mutter war in Archangelsk, Vater in Tscheljabinsk, 2 Schwestern im Waisenheim".
2.3. Mehrere hunderttausende Russlanddeutsche, die in Deutschland leben;
2.4. **Die Aussage von Herrn Dr. Chmel-Menges** *„Allerdings ist kritisch zu fragen, ob diese geschichtliche Phase auch heute noch als maßgeblich oder gar alleinig identitätsprägend betrachtet werden sollte"* **beleidigt mich persönlich;**
2.4.1. **Ist es nicht die Relativierung der durch die Machthaber der Sowjetunion begangenen „Unrechtshandlungen", die dem Völkermord an den Russlanddeutschen gleich sind?**

2.5. Die Aufarbeitung der leidgeprüften Geschichte der Russlanddeutschen, die mehr als maßgebend ihre Identität ausprägt, ist auch wichtig für die jüngeren Generationen. Solche Grundhaltung ist auch in Einklang mit dem Entscheid der Landesregierung NRW vom 22. September 2007, die *„Flucht und Vertreibung der Deutschen im 2. Weltkrieg" zum Pflichtthema im Unterricht zu machen. „Vor diesem Hintergrund ist Hugo Wormsbechers Erzählung „Unser Hof" (1984) nicht hochgenug einzuschätzen. ... Hugo Wormsbechers Erzählung kann als Pionierleistung gelten, die sich auch filmisch gut inszenieren lässt. Ich möchte den Versuch, den Text zu verfilmen, in jeder Beziehung unterstützen. Es wäre ein großes Vorhaben und würde das kollektive Gedächtnis in jeder Hinsicht bereichern"*, so Herr Prof. Dr. Carsten Gansel.

Aussage des Beklagten:
0.2. *„Mehr noch als gegenüber der Novelle „Unser Hof" bestehen hier insbesondere Vorbehalte gegenüber den Aktivitäten von Herrn Wormsbecher in seiner (politischen) Rolle als Interessenvertreter für russlanddeutsche Angelegenheiten. Nach unseren Recherchen setzt sich Herr Wormsbecher bis heute u. a. für die „Wiederherstellung der territorialen Autonomie" einer kompakt siedelnden deutschen Bevölkerung an der Wolga oder in anderen russischen Gebieten ein. In diesem Zusammenhang vertritt er darüber hinaus nach unseren Kenntnissen die Idee einer „Rückwanderung" von deutschen Spätaussiedlern in ein demnach noch zu realisierendes deutsches Autonomiegebiet. Solche Vorstellungen betrachte ich kritisch ..."*
Stellungnahme der klagenden Partei:
3. Herr Hugo Wormsbecher befürwortete die Realisierung des „Protokolls über die Zusammenarbeit zwischen der Bundesrepublik Deutschland und der Regierung der Russischen Föderation zur stufenweisen Wiederherstellung der Staatlichkeit der Russlanddeutschen" vom 23.04.1992. **Kann diese Grundhaltung dem Herrn Hugo Wormsbecher bzw. einer anderen Person jetzt schon inkriminiert werden? Ich bitte um den Rechtsspruch des Verwaltungsgerichts Gelsenkirchen.**
4. Nach meinen Kenntnissen, hat Herr Hugo Wormsbecher niemals die Russlanddeutschen zur „Rückwanderung" aufgefordert. Ganz im Gegenteil, „heute" „vertritt er ... die Idee", dass die in Deutschland beheimateten Russlanddeutschen (amtlich: Aussiedler, Spätaussiedler, Abkömmlinge) unbedingt in Deutschland bleiben müssen, weil die russische Regierung ihren dokumentierten Verpflichtungen

nachzugehen, keinen politischen Willen hat. Beweis: Der am 31. Januar 2016 durch den Präsidenten Wladimir Putin unterzeichnete Erlass „Über erstrangige Maßnahmen zur Rehabilitation der Russlanddeutschen", der die früher verankerte Wiederherstellung der russlanddeutschen Staatlichkeit" (wie im Ukas des Präsidenten Boris Jelzin vom 21.02.1992) nicht mehr enthält. Zeuge: Herr Hugo Wormsbecher.

Ich empfinde die zitierte Aussage von Herrn Dr. Chmel-Menges wie eine üble Nachrede. Ich bitte Herrn Dr. Chmel-Menges seine Aussage zu belegen oder zurückzunehmen bzw. zu widerlegen.

Aussage des Beklagten:
0.3. *„Auch sollte angesichts der insgesamt vergleichsweise guten Arbeitsmarktintegration von Spätaussiedlern, der demografischen Entwicklung und des absehbaren Fachkräftemangels in Deutschland die Frage im Vordergrund stehen, wie diese Zuwanderungsgruppe – soweit nicht ohnehin bereits erfolgt – optimal in die bundesrepublikanische Gesellschaft integriert werden".*
Stellungnahme der klagenden Partei:
5. Abgesehen vom antinomischen Syllogismus (*„wie diese Zuwanderungsgruppe – soweit nicht ohnehin bereits erfolgt – optimal in die bundesrepublikanische Gesellschaft integriert werden."* (kann/ könnte? – W.F.), kann diese Aussage von Herrn Dr. Chmel-Menges so verstanden werden, dass die Integrationsproblematik im beantragten Projekt *„im Vordergrund stehen"* solle;
5.1. Der Verein ,Ausbildungs- und Forschungszentrum Ethnos e. V., dem ich vorstehe, hat einen Antrag auf Gewährung einer Zuwendung für das Projekt im Aufgabenbereich des § 96 BVFG beantragt;
5.2. Weder im § 96 BVFG noch in den ,Richtlinien über die Gewährung von Zuwendungen für Maßnahmen gemäß § 96 Bundesvertriebenen- und Flüchtlingsgesetz (BVFG) durch das Land Nordrhein-Westfalen' gibt es eine Klausel, die die „Arbeitsmarktintegration von Spätaussiedlern" festlege bzw. in den Mittelpinkt stelle. Falls es eine Neuerung gäbe, soll dann diese der Öffentlichkeit zugänglich gemacht werden.
Beweise:
- Wortlaut des § 96 des Bundesvertriebenengesetzes: *„Bund und Länder haben entsprechend ihrer durch das Grundgesetz gegebenen Zuständigkeit das Kulturgut der Vertreibungsgebiete in dem Bewusstsein der Vertriebenen und Flüchtlinge, des gesamten deutschen Volkes und des Auslandes zu erhalten, Archive, Museen und Bibliotheken zu sichern, zu*

ergänzen und auszuwerten sowie Einrichtungen des Kunstschaffens und der Ausbildung sicherzustellen und zu fördern. Sie haben Wissenschaft und Forschung bei der Erfüllung der Aufgaben, die sich aus der Vertreibung und der Eingliederung der Vertriebenen und Flüchtlinge ergeben, sowie die Weiterentwicklung der Kulturleistungen der Vertriebenen und Flüchtlinge zu fördern. Die Bundesregierung berichtet jährlich dem Bundestag über das von ihr Veranlasste.“

- ‚Richtlinien über die Gewährung von Zuwendungen für Maßnahmen gemäß § 96 Bundesvertriebenen- und Flüchtlingsgesetz (BVFG) durch das Land Nordrhein-Westfalen‘; P. 1.1 – 1.2.

Aussage des Beklagten:

0.4. *„Angesichts der dargelegten Vorbehalte hatten wir Ihnen im Zuge der Antragsbearbeitung die Gelegenheit gegeben, weitere konkrete „volksgruppenidentitätsprägende Schwerpunktthemen“ zu benennen, die Sie im Rahmen Ihres geplanten Workshops mit Blick auf spätere Verfilmungen recherchieren bzw. durch (Online-)Befragungen, Diskussionen etc. herausarbeiten möchten. Trotzdem ist unklar geblieben, welche konkreten identitätsprägenden Themenschwerpunkte gemeint sein könnten – abgesehen von der genannten Novelle „Unser Hof“, deren Eignung diesbezüglich in Frage zu stellen ist“.*

Stellungnahme der klagenden Partei

6. Obwohl die Novelle ‚Unser Hof‘ von Hugo Wormsbecher zur Klassik der russlanddeutschen und deutschen Literatur zählt und *„die ETHNOS-Netzwerkteilnehmer einhellig sind, dass zuerst die Novelle „Unser Hof“ des Klassikers der russlanddeutschen Literatur Hugo Wormsbecher verfilmt werden soll“* (so im Antrag), teile ich einigermaßen die Meinung von Herrn Dr. Chmel-Menges, dass *„auch andere Aspekte stärker in den Vordergrund gestellt werden könnten und sollten. Grundsätzlich ist eine differenzierte, ausgewogene historische Aufarbeitung der wechsel- und teilweise leidvollen deutsch-russischen Geschichte wünschenswert“;*
6.1. Im 5.1. des Förderantrages, den ich unterschrieben habe, sind u. a. die anderen Themen zur etwaigen Verfilmung hervorgehoben;
6.2. Am 25.12.2016, nach dem Telefongespräch mit Herrn Bernd Werdin (Landeszentrale für politische Bildung Nordrhein-Westfalen), ließ ich Frau Edeltraud Kaffka (Bezirksregierung Arnsberg) das detaillierte Ausgangskonzept der geleiteten Recherchen zugehen;

6.3. Selbstverständlich, *„sind die Inhalte des Projektes trotz umfangreicher Sachaufklärung nicht schlüssig dargelegt worden“* (so Herr Dr. Chmel-Menges), weil der Antragsteller vor dem Projektbeginn die Erklärung abgeben muss, *„dass mit der Maßnahme noch nicht begonnen wurde und auch vor Bekanntgabe des Zuwendungsbescheides nicht begonnen wird“;*
6.3.1. Die beweiskräftigen Schlussfolgerungen konnten nur nach dem Projektabschluss gezogen werden.
7.1. Das Meisterstück ‚Unser Hof‘ des Klassikers der deutschen Literatur Hugo Wormsbecher spiegelt in künstlerischer Form Schicksale von Hunderttausenden Deutschen wider. Die Stellungnahme von Herrn Dr. Chmel-Menges hat mich überzeugt, dass diese Erzählung unbedingt vorrangig verfilmt werden muss, da der Genozid an den Russlanddeutschen, der keine „geschichtliche Phase“ für sie ist, sondern ihre Identität auch heute nachhaltig ausgeprägt, soll durch die Öffentlichkeit wahrgenommen, anerkannt und gewürdigt werden;
7.2. Selbstverständlich, rechnen das Projektteam des beantragten bzw. (ich hoffe, vorübergehend) abgelehnten Vorhabens und die breite Öffentlichkeit auch weiter mit der Unterstützung des Landes Nordrhein-Westfalen im Sinne des § 96 des Bundesvertriebenengesetzes.

Mit freundlichen Grüßen

Dr. Walther Friesen

Anlagen:
- Klageausfertigung für Herrn Dr. Chmel-Menges
- Kopie des Ablehnungsbescheids
- Empfehlungsschreiben zur Verfilmung von Hugo Wormsbechers „Unser Hof“ von Prof. Dr. Carsten Gansel.

JUSTUS-LIEBIG-
UNIVERSITÄT
GIESSEN

INSTITUT
FÜR
GERMANISTIK

Institut für Germanistik der Justus-Liebig-Universität
Prof. Dr. Carsten Gansel · Otto-Behaghel-Str. 10 B · 35394 Gießen

Fachbereich 05
Sprache, Literatur, Kultur
Institut für Germanistik
Arbeitsbereich Literatur

Prof. Dr. Carsten Gansel

35394 Gießen, den
Otto-Behaghel-Str. 10 B
Tel.: (0641) 99-29145
Tel. Sekretariat: (0641) 99-29121
Fax: (0641) 99-29129
Carsten.Gansel@germanistik.uni-giessen.de

Gießen, d. 14.07.2016

Empfehlungsschreiben

Zur Verfilmung von Hugo Wormsbechers „Unser Hof"

Um den Neuansatz in Hugo Wormsbechers „Unser Hof" hinreichend würdigen zu können, muss mitgedacht werden, dass die Periode des Neuanfangs der Russlanddeutschen Literatur in den 1960er Jahren einsetzt und bis zum Ende der Sowjetunion 1989 reicht. Gleichwohl waren die Schwierigkeiten auch in diesem Zeitraum enorm: Fast eine ganze Schriftstellergeneration war durch die Arbeitslager Stalins gegangen, hatte diese nicht überlebt oder war über Jahre an der schriftstellerischen Produktion gehindert worden. Eine neue und nach dem Zweiten Weltkrieg heranwachsende Generation machte erste, bescheidene literarische Versuche, mit Schwänken, Gedichten oder kleinen Erzählungen. Hinzu kam als Einschränkung das Verbot in der Muttersprache zu schreiben. Erst 1964 erfolgte eine teilweise Rehabilitierung der Russlanddeutschen. Unter diesen Bedingungen kam es zunächst einmal darauf an, die deutsche Sprache überhaupt wach zu halten, was Folgen für das ‚Was' und ‚Wie' der literarischen Darstellungen hatte. Von daher dominierten zunächst einfache Darstellungsweisen, literarische Kurzformen oder die Lyrik. Veränderungen sezten erst ab den 1970er Jahren in dem Maße ein, wie russlanddeutsche Autoren die Möglichkeit erhielten, in Verlagen zu publizieren. Ab 1981 erschien halbjährlich der von Hugo Wormsbecher verantwortete Almanach „Heimatliche

Weiten" (bis 1990), der nun auch dezidiert Romane druckte. Allerdings galt bis zum Ende der Sowjetunion ein Tabu, das der Literaturhistoriker Johann Warkentin als „Gleichschaltung mitsamt Maulkorb" bezeichnete. In den Texten wurden Verhaftungen, Gulag, Trudarmee und nationale Probleme wie Rehabilitierung und Wiederherstellung der Autonomie der Russlanddeutschen weitgehend ausgespart. Erste Versuche, diese Themen literarisch zu gestalten, blieben ungedruckt oder konnten nur beiläufig in die Texte „eingeschmuggelt" werden.

Vor diesem Hintergrund ist Hugo Wormsbechers Erzählung „Unser Hof" (1984) nicht hoch genug einzuschätzen. Der Text selbst war bereits 1969 entstanden, aber eine Veröffentlichung wurde erst in den 1980er Jahren möglich. Die Erzählung behandelt zum ersten Mal das Thema Trudarmee wie den Tod einer russlanddeutschen Familie im Zweiten Weltkrieg. Zur Sprache kommt damit die Deportation der Russlanddeutschen unter Stalin. Obwohl der Text nicht gänzlich ohne Streichungen die Zensur passieren konnte, brachte sie den Autor in größte Schwierigkeiten. Eine zweite Veröffentlichung der Erzählung in einem Sammelband mit Erzählungen Wormsbechers zwei Jahre später führte 1987 zu einer in der Zeitung „Freundschaft" ausgetragenen öffentlichen Auseinandersetzung, die in Kasachstan eine Diskussion um die Prinzipien der sogenannten Leninschen Nationalitätenpolitik und die Neugestaltung der zwischen-nationalen Beziehungen auslöste. Dennoch bzw. gerade deshalb war im Kontext mit der Perestroika 1989 geplant, diesen Text in einer deutsch-sowjetischen Koproduktion zu verfilmen. Die Produktion wurde dann aber doch noch abgesagt, um die Beziehungen zwischen Bundesrepublik und der Sowjetunion nicht zu gefährden. Es ist daher an der Zeit, dieses Vorhaben mehr als 25 Jahre später umzusetzen.

Der Text selbst ist auch literarisch interessant: Aus der Sicht eines Kindes schildert der Autor den aussichtslosen Überlebenskampf einer wolgadeutschen Familie während der entbehrungsreichen Jahre des Zweiten Weltkriegs. Der Verlust der Wolgaheimat und die Deportation der Familie (in ein nicht namentlich genanntes Gebiet) bilden den Hintergrund der Handlung, die mit der Einberufung des Vaters zur Arbeitsarmee einsetzt, an deren Folgen er schließlich körperlich schwer gezeichnet im Kreis seiner Familie stirbt. Für seine Frau und die drei Kinder Arno, Maria und Fritz markiert dies den Beginn einer Odyssee, die auf ein verhängnisvolles Ende zuläuft. In der Schicksalhaftigkeit der Ereignisse und deren streng kausaler Verknüpfung – die sich notwendigerweise aus dem Verlust des Vaters entwickelt – wird die Erzählung pars pro toto zum Gleichnis für das Schicksal der Russlanddeutschen nach 1941.

Bereits das Personalpronomen „unser" im Titel deutet auf eine kollektive Erfahrungsebene; der Bezug auf die exemplarisch dargestellte Kernfamilie erfährt durch die Einführung einer allegorischen Deutungsebene eine Erweiterung auf das gruppenspezifische Gedächtnis der Russlanddeutschen insgesamt. Bezeichnenderweise sind es eben jene in der Erzählung geschilderten gemeinsamen Leiderfahrungen von Deportation, Zwangsarbeit und Sonderansiedlung, die unter den verstreut in Sibirien, Kasachstan oder Mittelasien lebenden Russlanddeutschen erstmals ein Zusammengehörigkeitsgefühl entstehen lassen. In der histoire, dem „Was" des Erzählens, liegt das aufstörende Potenzial der Erzählung: Sie unterläuft das hegemoniale kollektive Gedächtnis der Sowjetunion, in dem das Schicksal der Russlanddeutschen keine Rolle spielten sollte und vergessen war.

Hugo Wormsbechers Erzählung kann als Pionierleistung gelten, die sich auch filmisch gut inszenieren lässt. Ich möchte den Versuch, den Text zu verfilmen, in jeder Beziehung unterstützen. Es wäre ein großes Vorhaben und würde das kollektive Gedächtnis in jeder Hinsicht bereichern.

Prof. Dr. Carsten Gansel

Gegenklage von Dr. Chmel-Menges vom 17. März 2017
In dem Verwaltungsstreitverfahren Verein AFZ ETHNOS e.V. gegen Land Nordrhein-Westfalen vertreten durch die Bezirksregierung Arnsberg Dezernat 36

Bezirksregierung
Arnsberg

Bezirksregierung Arnsberg · Postfach · 59817 Arnsberg
Verwaltungsgericht Gelsenkirchen
6. Kammer
Postfach 10 01 55
45801 Gelsenkirchen

Datum: 17. März 2017
Seite 1 von 5

Aktenzeichen:
6 K 1893/17
bei Antwort bitte angeben

Auskunft erteilt:
Dr. Christian Chmel-Menges

Telefon: 02931/82-2913
Fax: 02931/82-2909

Dienstgebäude:
Seibertzstr. 1
59821 Arnsberg

In dem Verwaltungsstreitverfahren

Verein Ausbildungs- und Forschungszentrum ETHNOS e.V.

- Kläger -

g e g e n

**Land Nordrhein-Westfalen
vertreten durch die Bezirksregierung Arnsberg
Dezernat 36, Seibertzstraße 1, 59821 Arnsberg**

- Beklagte -

wegen des Ablehnungsbescheids der Bezirksregierung Arnsberg vom
25.01.2017 zum Antrag des Vereins Ausbildungs- und
Forschungszentrum ETHNOS e.V. vom 07.11.2016 auf Gewährung
einer Zuwendung des Landes Nordrhein-Westfalen

Az.: 6 K 1893/17

beantrage ich:

1)   die Klage abzuweisen und
2)   dem Kläger die Kosten des Verfahrens aufzuerlegen.

Hauptsitz:
Seibertzstr. 1, 59821 Arnsberg

Telefon: 02931 82-0

poststelle@bra.nrw.de
www.bra.nrw.de

Servicezeiten:
Mo-Do   08:30 – 12:00 Uhr
        13:30 – 16:00 Uhr
Fr   08:30 – 14:00 Uhr

Landeskasse Düsseldorf bei
der Helaba:
IBAN:
DE27 3005 0000 0004 0080 17
BIC: WELADEDD

Umsatzsteuer ID:
DE123878675

Wichtiger Hinweis (wegen weiterer digitaler Postbearbeitung):
Unterlagen bitte nicht klammern, heften oder kleben und möglichst im DIN-A4-Format senden.

Bezirksregierung
Arnsberg

Begründung: Seite 2 von 5

Der Verein Ausbildungs- und Forschungszentrum ETHNOS e.V. stellte
am 07.11.2016 bei der Bezirksregierung Arnsberg (Dezernat 36 –
Kompetenzzentrum für Integration) einen Antrag auf Gewährung einer
Zuwendung des Landes Nordrhein-Westfalen zur Förderung des
Projektes „Online-Workshop ‚Aufbau des Netzwerkes zur Verfilmung der
russlanddeutschen Geschichte'" gem. § 96 Bundesvertriebenen- und
Flüchtlingsgesetz (BVFG). Dieser Antrag wurde nach umfangreicher
Sachaufklärung durch die Bewilligungsbehörde sowie Abstimmung (u.a.
im Rahmen einer turnusmäßigen Förderkonferenz im Ministerium für
Familie, Kinder, Jugend, Kultur und Sport NRW am 08.12.2016) per
Bescheid vom 25.01.2017 abgelehnt.

Grundlage des Ablehnungsbescheids sind die Richtlinien über die
Gewährung von Zuwendungen für Maßnahmen gemäß § 96 BVFG
durch das Land Nordrhein-Westfalen in Verbindung mit § 23 bzw. § 44
der Landeshaushaltsordnung Nordrhein-Westfalen.

In den geltenden Richtlinien über die Gewährung von Zuwendungen für
Maßnahmen gemäß § 96 Bundesvertriebenen- und Flüchtlingsgesetz
(BVFG) durch das Land Nordrhein-Westfalen heißt es unter 1.3:

„Ein Anspruch auf Gewährung der Zuwendung besteht nicht. Die
Bewilligungsbehörde entscheidet aufgrund ihres pflichtgemäßen
Ermessens im Rahmen der verfügbaren Haushaltsmittel."

Im Zuge dieses pflichtgemäßen Ermessens findet eine Prüfung durch
die Bewilligungsbehörde (Bezirksregierung Arnsberg) statt, ob die
Realisierung eines Vorhabens, für das nach § 96 BVFG eine
Zuwendung beantragt wird, mit Landesinteressen vereinbar ist.

In der gültigen Landeshaushaltsordnung des Landes Nordrhein-
Westfalen wird hierzu unter § 23 (Zuwendungen) festgehalten:

„Ausgaben und Verpflichtungsermächtigungen für Leistungen an Stellen
außerhalb der Landesverwaltung zur Erfüllung bestimmter Zwecke
(Zuwendungen) dürfen nur veranschlagt werden, wenn das Land an der
Erfüllung durch solche Stellen ein erhebliches Interesse hat, das ohne
die Zuwendungen nicht oder nicht im notwendigen Umfang befriedigt
werden kann."

Unter § 44 der genannten Landeshaushaltsordnung (Zuwendungen,
Verwaltung von Mitteln oder Vermögensgegenständen) wird explizit
festgestellt:

Bezirksregierung
Arnsberg

„(1) Zuwendungen dürfen nur unter den Voraussetzungen des § 23 gewährt werden. Dabei ist zu bestimmen, wie die zweckentsprechende Verwendung der Zuwendungen nachzuweisen ist. Außerdem ist ein Prüfungsrecht der zuständigen Dienststelle oder ihrer Beauftragten festzulegen. Verwaltungsvorschriften, welche die Regelung des Verwendungsnachweises und die Prüfung durch den Landesrechnungshof (§ 91) betreffen, werden im Einvernehmen mit dem Landesrechnungshof erlassen."

In dem vorliegenden Fall ist die Bezirksregierung Arnsberg nach sorgfältiger Prüfung sowie nach Abstimmung mit der Landeszentrale für politische Bildung bzw. mit dem zuständigen Ministerium für Familie, Kinder, Jugend, Kultur und Sport des Landes Nordrhein-Westfalen zu dem Ergebnis gekommen, dass ein erhebliches Interesse an einer Realisierung der genannten Maßnahmen mit Hilfe öffentlicher Mittel nicht gegeben ist.

Vielmehr bestehen seitens der Bewilligungsbehörde nach ausreichender Recherche Vorbehalte gegenüber zentralen Bestandteilen des geplanten „Workshops zum Aufbau des Netzwerkes zur Verfilmung der russlanddeutschen Geschichte". Vorgesehen war hierfür – laut Projektbeschreibung des Antragstellers – insbesondere eine Verfilmung der Novelle „Unser Hof" von Hugo Wormsbecher, der für den geplanten Workshop auch als Referent vorgesehen war.

Die Vorbehalte des Landes beziehen sich, wie bereits im Ablehnungsbescheid ausgeführt, insbesondere auf die Aktivitäten von Herrn Wormsbecher in seiner (politischen) Rolle als Interessenvertreter für russlanddeutsche Angelegenheiten. Zunehmend anachronistisch erscheint angesichts des derzeitigen deutsch-russischen Verhältnisses insbesondere die von Wormsbecher seit Jahrzehnten und bis in die jüngste Vergangenheit propagierte Forderung nach einer „Wiederherstellung der territorialen Autonomie" der Russlanddeutschen an der Wolga. Dasselbe gilt für die Idee einer „Rückwanderung" von deutschen Spätaussiedlern in ein demnach noch zu realisierendes deutsches Autonomiegebiet.[1]

---

[1] Vgl. hierzu u.a.:
http://community.zeit.de/user/rowisch/beitrag/2007/11/10/geschichte-hugo-wormsbecher-h-redaktor-quot-nees-leben-quot
http://rd-senat.de/index.php/aktuelle-beitraege/39-rehabilitierung-der-russlanddeutschen
http://www.deutsche-gesellschaft-ev.de/images/pdf/2016-europa-ohne-gedenken-keine-zukunft/Sachbericht_Ohne_Gedenken_keine_Zukunft.pdf

**Bezirksregierung
Arnsberg**

Gerade angesichts des zuletzt problematischen Verhältnisses der Europäischen Union bzw. Bundesrepublik Deutschland zur Russischen Föderation sind solche Forderungen heute nicht nur vollkommen unrealistisch, sie können – würden sich relevante Vertriebenenverbände oder gar staatliche Stellen mit solchen Zielen gemein machen – durchaus auch eine zusätzliche Belastung der Beziehungen und des grundsätzlich erforderlichen Dialogs darstellen.

Zu Ende gedacht, gehen die Positionen Wormsbechers von ähnlichen Prämissen aus wie aktuell z.B. die Russische Föderation in ihrer Politik gegenüber ehemaligen Sowjetrepubliken: Hier wie dort werden Ansprüche auf staatliche Autonomie bestimmter Bevölkerungsgruppen innerhalb anderer souveräner Staaten unter Hinweis auf deren Ethnizität begründet. Diese Logik ist – historisch betrachtet – oftmals Auslöser für inner- bzw. zwischenstaatliche Konflikte gewesen und mit dem Gedanken der Völkerverständigung nicht in Einklang zu bringen.

Das Ziel der Völkerverständigung ist jedoch gewissermaßen ein ideeller Leitfaden in der bereits erwähnten Förderrichtlinie zu Maßnahmen gemäß § 96 BVFG. Unter 1.2 heißt es dort ausdrücklich:

„Die Maßnahmen müssen die kulturellen Wechselbeziehungen zwischen den Deutschen und ihren östlichen Nachbarn sowie deren Kulturleistungen angemessen berücksichtigen. Maßnahmen, die dem Gedanken der Völkerverständigung zuwiderlaufen, sind von der Förderung ausgeschlossen."

Aus Sicht des Landes können die politischen Aktivitäten des Herrn Wormsbecher nicht getrennt von seinen Werken als Literat betrachtet werden. Diese Einschätzung ist nicht zu verwechseln mit einer abschließenden Bewertung der genannten Novelle Wormsbechers, in der die Auseinandersetzung mit dem im Stalinismus erlittenen Unrecht seiner Landsleute die zentrale Rolle spielt.[2]

Dass es solche stalinistischen Unrechtshandlungen an Angehörigen der russlanddeutschen Volksgruppe gegeben hat, ist historisch unstrittig und wurde auch in dem ablehnenden Bescheid der Bezirksregierung Arnsberg selbstverständlich nicht in Abrede gestellt – damit auch nicht das Leid, das der Kläger, Herr Dr. Friesen, sowie Familienangehörige in diesem Zusammenhang offenbar erfahren haben. Es lag daher in keiner Weise in der Absicht der Bewilligungsbehörde, den Antragssteller persönlich zu beleidigen, wie dieser in seiner Klageschrift ausführt.

---

[2] http://kulturportal-west-ost.eu/biographien/wormsbecher-hugo-2

Bezirksregierung
Arnsberg

In dem Ablehnungsbescheid wurde lediglich kritisch gefragt, ob das stalinistische Unrecht auch heute noch als maßgeblich oder gar alleinig identitätsprägend für Russlanddeutsche betrachtet werden sollte, oder ob – im Sinne der Völkerverständigung und einer angemessenen Berücksichtigung der kulturellen Wechselbeziehungen zwischen den Deutschen und ihren östlichen Nachbarn – nicht auch andere Aspekte stärker in den Vordergrund gestellt werden könnten und sollten.

Aus Sicht des Landes NRW ist eine differenzierte, ausgewogene historische Aufarbeitung der wechsel- und teilweise leidvollen deutsch-russischen Geschichte wünschenswert. In diesem Zusammenhang stellt sich im Übrigen auch die Frage, ob der Begriff des „Völkermordes", den Herr Dr. Friesen in seiner Klageschrift hinsichtlich der sowjetischen Unrechtshandlungen an den Russlanddeutschen benutzt, als Ausdruck eines ausreichend differenzierten Geschichtsbildes zu betrachten ist.

Unter dem Strich geht es im vorliegenden Klageverfahren gleichwohl nicht etwa darum, Herrn Wormsbecher oder Herrn Dr. Friesen in ihrem Recht auf freie Meinungsäußerung einschränken zu wollen. Rechtlich maßgeblich ist hier allein die Frage, ob das Land NRW auf der Grundlage der Richtlinie über die Gewährung von Zuwendungen für Maßnahmen gemäß § 96 Bundesvertriebenen- und Flüchtlingsgesetz (BVFG) zur Bewilligung einer Projektförderung verpflichtet ist, selbst wenn das Vorhaben mit Landesinteressen unvereinbar ist. Dies ist nach meiner Auffassung eindeutig zu verneinen.

Anlagen:
1 Akte (Bl. 1-143)
1 Förderrichtlinie (gemäß § 96 BVFG)
1 Auszug Landeshaushaltsordnung (§ 23, § 44)

(Dr. Chmel-Menges)

Antwort von Dr. Walther Friesen vom 27. März 2017 auf die Gegenklage von Dr. Chmel-Menges vom 17. März 2017
In dem Verwaltungsstreitverfahren Verein AFZ ETHNOS e.V. gegen Land Nordrhein-Westfalen vertreten
durch die Bezirksregierung Arnsberg Dezernat 36

AUSBILDUNGs- und FORSCHUNGsZENTRUM ETHNOS e.V.

Bermesdickerstr. 9, 44357 Dortmund; +49 231 317 30 20; ethnos@web.de ; afz.ethnos@gmail.com
www.afz-ethnos.org   www.damals-im-osten.de

Dortmund, den 27. März 2017

Dr. Walther Friesen
Vorstandsvorsitzender

Verwaltungsgericht Gelsenkirchen
6. Kammer
Postfach 10 01 55
45801 Gelsenkirchen

In dem Verwaltungsstreitverfahren

Verein Ausbildungs- und Forschungszentrum ETHNOS e.V.

- Kläger -

gegen

Land Nordrhein-Westfalen
vertreten durch die Bezirksregierung Arnsberg
Dezernat 36, Seibertzstraße 1, 59821 Arnsberg

- Beklagte -

Az.: 6 K 1893/17

Stellungnahme zur Gegenklage von Herrn Dr. Christian Chmel-Menges vom 17.03.2017

1. Das Recht des Landes NRW über die Gewährung von Zuwendungen nach seinem Ermessen zu entscheiden, wird vom Kläger nicht bestritten.

2. Die auf die „(politische) Rolle" von Herrn Hugo Wormsbecher bezogene Begründung im Ablehnungsbescheid gab Anlass zur Klage.

2.1. Herr Dr. Christian Chmel-Menges wirft Herrn Hugo Wormsbecher vor, die „Rückwanderung" vorantreiben zu wollen. Allerdings, in keinem von Internetbeiträgen (2007, 2013, 2016), auf die Herr Dr. Christian Chmel-Menges in seiner Gegenklage vom 17.03.2017 verweist, gibt es irgendwelchen an die Russlanddeutschen gerichteten Appell

Bankverbindung: Volksbank Dortmund-Nordwest eG (BLZ 44060122) Konto Nr. 4110976600
BIC GENODEM1DNW; IBAN DE84 4406 0122 4110 9766 00; Bank-Id-Nr: DE 124652338; **Steuernummer:** 314/5704/5556

nach Russland zurückzukehren (s. die angelegten Ausdrucke von genannten Beiträgen). Ganz im Gegenteil, „Hugo Wormsbecher dankte Deutschland für die Aufnahme und Integration der Russlanddeutschen in die Gesellschaft" (Sachbericht „Ohne Gedenken keine Zukunft – 75 Jahre Deportation der Russlanddeutschen", S.12). Herr Hugo Wormsbecher schrieb und sprach nur über das Schicksal der Russlanddeutschen in Russland und zwar kritisierte er begründet die Nichtausführung des „Deutsch-Russischen Protokolls über die Zusammenarbeit zur Wiederherstellung der Staatlichkeit der Russlanddeutschen (1992)".

3. Diese Aussage von Herrn Dr. Christian Chmel-Menges in der Gegenklage findet der Kläger unbegründet:

„Gerade angesichts des zuletzt problematischen Verhältnisses der Europäischen Union bzw. Bundesrepublik Deutschland zur Russischen Föderation sind solche Forderungen heute nicht nur vollkommen unrealistisch, sie können – würden sich relevante Vertriebenenverbände oder gar staatliche Stellen mit solchen Zielen gemein machen – durchaus auch eine zusätzliche Belastung.

Zu Ende gedacht, gehen die Positionen Wormsbechers von ähnlichen Prämissen aus wie aktuell z. B. die Russische Föderation in ihrer Politik gegenüber ehemaligen Sowjet-republiken: Hier wie dort werden Ansprüche auf staatliche Autonomie bestimmter Bevölkerungsgruppen innerhalb anderer souveräner Staaten unter Hinweis auf deren Ethnizität begründet. Diese Logik – historisch betrachtet – oftmals Auslöser für inner- bzw. zwischenstaatliche Konflikte gewesen und mit dem Gedanken der Völker-verständigung nicht in Einklang zu bringen."

Völkerrechtlich gesehen, handelt es sich in diesem Zusammenhang um zwei verschiedene Ausgangssituationen. Nach Klägers Erachten, die Gleichstellung des Rechtes der Russlanddeutschen in Russland auf ihre nationale Gleichberechtigung – was auch in der Verfassung der Rusiachen Föderation verankert worden ist (Art. 2, 19, 45, 68, s. den angelegten Beitrag von Hugo Wormsbecher ‚Über die heutigen Lage der Russland-deutschen', S. 2 – 3) – mit der von Herrn Dr. Christian Chmel-Menges „zu Ende gedachten" Expansionspolitik ist höchstens unbedacht und politisch unverantwortlich, insbesondere in Bezug auf die Russlanddeutschen, die jahrhundertelang mit anderen Völkern Russlands friedlich zusammenlebten. Und sogar nach dem Ende des 2. Weltkrieges gab es keinen einzigen nationalen Konflikt zwischen den Russlanddeutschen und Menschen anderer Nationalitäten, die sich einander unterstützten. Die zwischen-menschlicheh Beziehungen der Russlanddeutschen und der Russen während des Krieges sind meisterhaft vom Klassiker der russlanddeutschen Literatur Hugo Wormsbecher in seiner Novelle ‚Unser Hof' dargestellt worden. Dieses Meisterwerk ist ein wichtiger und unbestreitbarer Beitrag zur Völkerverständigung (s. z. B. den angelegten Auszug aus der Novelle von Hugo Wormsbecher ‚Unser Hof').

Bankverbindung: Volksbank Dortmund-Nordwest eG (BLZ 44060122) Konto Nr. 4110976600
BIC GENODEM1DNW; IBAN DE84 4406 0122 4110 9766 00; Bank-Id-Nr: DE 124652338; Steuernummer: 314/5704/5556

Anlagen:

Hugo Wormsbecher: Über die heutigen Lage der Russlanddeutschen; http://community.zeit.de/user/rowisch/beitrag/2007/11/10/geschichte-hugo-wormsbecher-h-redaktor-quot-nees-leben-quot ; 2007

- Hugo Wormsbecher: Deutschland und die Rehabilitierung der Russlanddeutschen: Neues Herangehen gefragt; http://www.rd-senat.de/index.php/aktuelle-beitraege/39-rehabilitierung-der-russlanddeutschen ; 2013
- Sachbericht „Ohne Gedenken keine Zukunft – 75 Jahre Deportation der Russlanddeutschen"; http://www.deutsche-gesellschaft-ev.de/images/pdf/2016-europa-ohne-gedenken-keine-zukunft/Sachbericht_Ohne_Gedenken_keine_Zukunft.pdf ; S. 7,8,12.
- Auszug aus der Novelle von Hugo Wormsbecher ‚Unser Hof‘

Mit freundlichen Grüßen

Dr. Walther Friesen

Bankverbindung: Volksbank Dortmund-Nordwest eG (BLZ 44060122) Konto Nr. 4110976600
BIC GENODEM1DNW; IBAN DE84 4406 0122 4110 9766 00; Bank-Id-Nr: DE 124652338; **Steuernummer:** 314/5704/5556

Stellungnahme von Dr. Chmel-Menges vom 6. April 2017 zur Antwort von Dr. Walther Friesen vom 17. März 2017
In dem Verwaltungsstreitverfahren Verein AFZ ETHNOS e.V. gegen Land Nordrhein-Westfalen vertreten durch die Bezirksregierung Arnsberg Dezernat 36

Verwaltungsgericht Gelsenkirchen

Verwaltungsgericht • Postfach 10 01 55 • 45801 Gelsenkirchen

Verein Ausbildungs- und
Forschungszentrum ETHNOS e. V.
vertreten durch den Vorstandsvorsitzenden
Dr. Walther Friesen
Bermesdickerstraße 9
44357 Dortmund

10. April 2017

Seite 1 von 1
Aktenzeichen:
6 K 1893/17
bei Antwort bitte angeben

Bearbeiter:
Frau Werner
Durchwahl:
0209 1701-104

Sehr geehrte Damen und Herren!

In dem Verwaltungsstreitverfahren

Verein Ausbildungs- und Forschungszentrum ETHNOS e. V.
gegen
Land Nordrhein-Westfalen

wird anliegendes Schriftstück mit der Bitte um Kenntnis- und evtl. Stellungnahme übersandt.

Mit freundlichem Gruß
Auf Anordnung

Werner
Justizobersekretärin

Dienstgebäude und
Lieferanschrift:
Bahnhofsvorplatz 3
45879 Gelsenkirchen
Telefon 0209 1701-0
Telefax 0209 1701-124
verwaltung@
vg-gelsenkirchen.nrw.de
www.vg-gelsenkirchen.nrw.de

Öffentliche Verkehrsmittel:
Alle Linien bis Haltestelle Hbf

Maschinell erstellt, ohne Unterschrift gültig

Bezirksregierung
Arnsberg

Bezirksregierung Arnsberg · Postfach · 59817 Arnsberg

Verwaltungsgericht Gelsenkirchen
6. Kammer
Postfach 10 01 55
45801 Gelsenkirchen

Datum: 6. April 2017
Seite 1 von 2

Aktenzeichen:
6 K 1893/17
bei Antwort bitte angeben

Auskunft erteilt:
Dr. Christian Chmel-Menges

Telefon: 02931/82-2913
Fax: 02931/82-2909

Dienstgebäude:
Seibertzstr. 1
59821 Arnsberg

In dem Verwaltungsstreitverfahren

Verein Ausbildungs- und Forschungszentrum ETHNOS e.V.

- Kläger -

g e g e n

Land Nordrhein-Westfalen
vertreten durch die Bezirksregierung Arnsberg
Dezernat 36, Seibertzstraße 1, 59821 Arnsberg

- Beklagte -

wegen des Ablehnungsbescheids der Bezirksregierung Arnsberg vom
25.01.2017 zum Antrag des Vereins Ausbildungs- und
Forschungszentrum ETHNOS e.V. vom 07.11.2016 auf Gewährung
einer Zuwendung des Landes Nordrhein-Westfalen

Az.: 6 K 1893/17

nehme ich Stellung zum Schreiben des Klägers vom 27.03.2017.

In diesem führt Herr Dr. Friesen aus, es gebe in den Quellenhinweisen,
die von der Beklagten in der Klageerwiderung angeführt werden, keine
Belege dafür, dass Herr Hugo Wormsbecher die „Rückwanderung" von
Spätaussiedlern nach Russland vorantreiben wolle.

Hierzu verweise ich auf einen Beitrag des Herrn Wormsbecher in
„Russland-Aktuell – Internetzeitung seit 1998" mit Datum vom
16.03.2006, der dem Verwaltungsgericht als Schriftsatz im vollständigen
Wortlaut bereits vorliegt – als Teil der gesendeten Akte mit sämtlichen
Verwaltungsvorgängen in dieser Angelegenheit[1].

Hauptsitz:
Seibertzstr. 1, 59821 Arnsberg

Telefon: 02931 82-0

poststelle@bra.nrw.de
www.bra.nrw.de

Servicezeiten:
Mo-Do 08:30 – 12:00 Uhr
            13:30 – 16:00 Uhr
Fr   08:30 – 14:00 Uhr

Landeskasse Düsseldorf bei
der Helaba:
IBAN:
DE27 3005 0000 0004 0080 17
BIC: WELADEDD

Umsatzsteuer ID
DE123878675

---

[1] www.aktuell.ru/russland/kommentar/russlanddeutsche_wolgarepublik_dank_putin_270.html

Wichtiger Hinweis (wegen weiterer digitaler Postbearbeitung):
Unterlagen bitte nicht klammern, heften oder kleben und möglichst im DIN-A4-Format senden.

Dienstkopie Bez. Reg. Arnsberg

**Bezirksregierung
Arnsberg**

Unter der Überschrift „Russlanddeutsche: Wolgarepublik dank Putin?"
formuliert Wormsbecher darin u.a.:

„[...] *Das löst die Hauptfrage, nämlich die nach einem gemeinsamen
Lebensraum für Russlanddeutsche, ohne den es unmöglich ist, die
Muttersprache und die Nationalkultur zu bewahren und sich als Volk zu
erhalten. [...].* (Siehe Akte S. 32, 3. Absatz)
*Das ermöglicht im Zuge der Verwirklichung der Projekte zugleich die
Schaffung aller grundsätzlichen Voraussetzungen zur Erneuerung des
Volkes: Diese Voraussetzungen sind ein gemeinsames Territorium, die
Schaffung einer ökonomischen Basis, die soziale-, die kulturelle- und
die Bildungsinfrastruktur. [...]* (S. 32, 6. Absatz)
*Diese Herangehensweise an die Lösung ihrer Probleme ist sowohl für
das ganze Land, als auch für die konkrete Region von
volkswirtschaftlichem Interesse, so die Meinung der
Russlanddeutschen. Gleichzeitig liegen solche Lösungen im
demographischen Interesse der Länder, da sie die Auswanderung der
Russlanddeutschen mindern und sie sogar aus anderen Ländern der
GUS und womöglich sogar aus Deutschland nach Russland locken.* (S.
32, 9. Absatz)
*Rückwanderung aus Deutschland?
Solche Lösungen sind für Russland auch von politischem Interesse:
endlich wird dem einzigen, bisher nicht rehabilitierten Volk Gerechtigkeit
zugesprochen. [...]"* (S. 32, 10. Absatz)

Der Artikel ist einer von mehreren Beiträgen des Herrn Wormsbecher,
deren Kenntnis in der Summe zu der Entscheidung geführt hat, das o.g.
Ethnos-Projekt unter den Prämissen des § 96 BVFG in Verbindung mit
§§ 44 und 23 LHO nicht mit Landesmitteln zu fördern.

(Dr. Chmel-Menges)

Dienstkopie Bez. Reg. Arnsberg

VOLK AUF DEM WEG

Erscheint seit 1950 VERBANDSPOLITIK • SOZIALES • INTEGRATION • KULTUR • GESCHICHTE • RELIGION • ÖFFENTLICHKEIT • JUGEND

LANDSMANNSCHAFT DER DEUTSCHEN AUS RUSSLAND E.V.

ZUSAMMENHALTEN – ZUKUNFT GESTALTEN

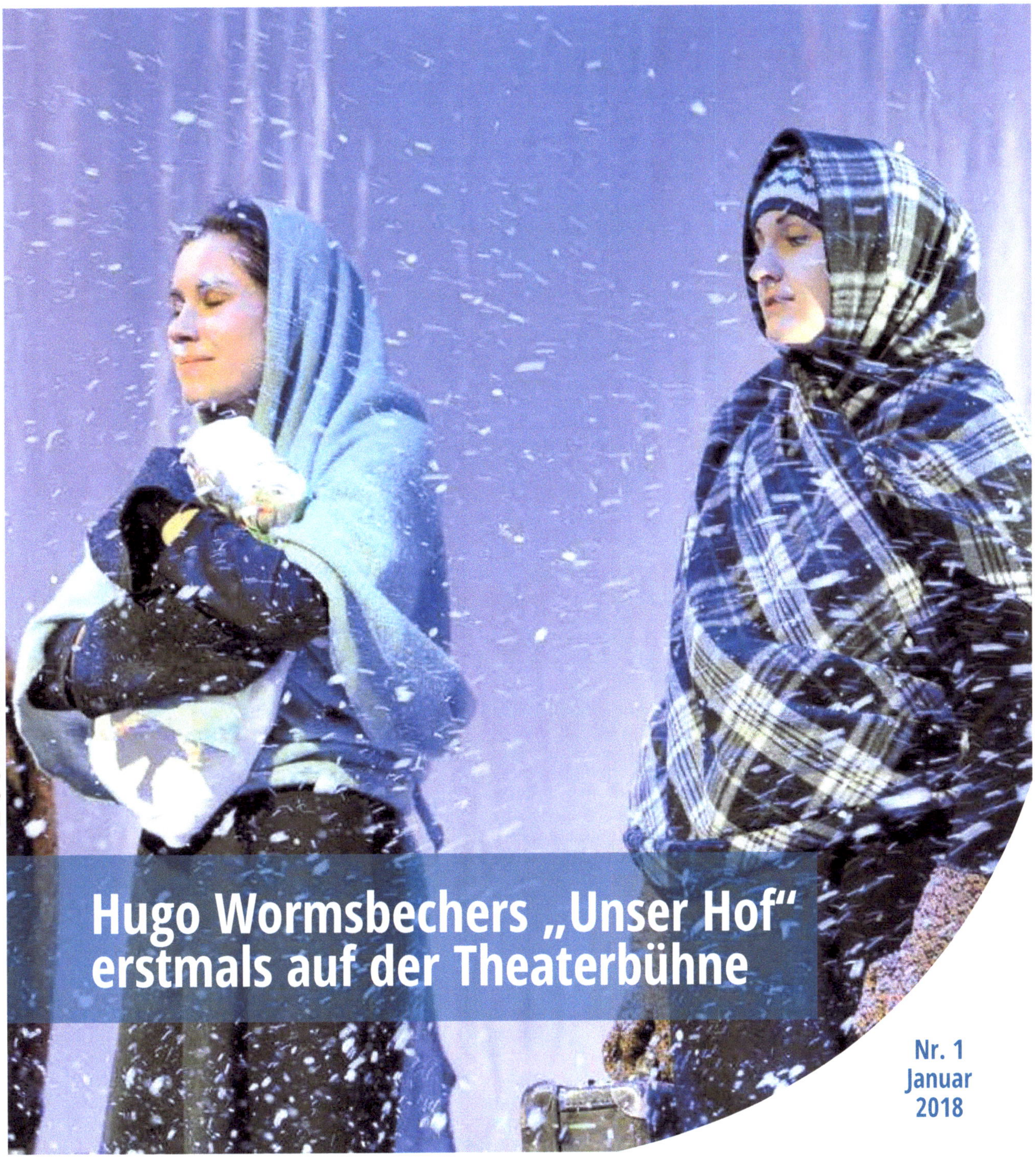

Hugo Wormsbechers „Unser Hof" erstmals auf der Theaterbühne

Nr. 1
Januar
2018

Hugo Wormsbechers „Unser Hof" erstmals auf der Theaterbühne

Das Schicksal der deportierten Wolgadeutschen ließ keinen Zuschauer gleichgültig

*D*as Schicksal einer deportierten wolgadeutschen Familie zum ersten Mal auf einer russischen Theaterbühne – und kein Zuschauer bleibt gleichgültig. In der westsibirischen Stadt Tara (Gebiet Omsk) zeigte das örtliche Schauspieltheater am 30. September 2017 die Premiere des Stückes „Vaters Spur" (Regie: Konstantin Rechtin) nach der Erzählung „Unser Hof" von Hugo Wormsbecher. Die Erzählung wurde nach fast 15-jährigem Verbot zum ersten Mal 1984 im deutschsprachigen Almanach „Heimatliche Weiten" und 1988 in der deutschsprachigen Zentralzeitung „Neuen Leben" ohne Kürzungen veröffentlicht. Die Premiere in Tara verfolgten Vertreter der Deutschen Nationalen Kulturautonomie des Gebietes Omsk und eine Jugendgruppe aus Deutschland.*

Hugo Wormsbecher

Knapp zwei Monate später fand im gleichen Theater, das den Namen des bekannten russischen Schauspielers Michail Uljanow trägt, ein Theaterfestival anlässlich dessen 90. Geburtstages statt. Auch da hatte „Vaters Spur" (außerhalb des Wettbewerbs aufgeführt) viel Erfolg und gewann nicht nur den Publikumspreis, sondern auch den Sonderpreis der Jury „Für die herausragende künstlerische Umsetzung und die Verteidigung der allgemeinmenschlichen Werte".

Am 25. November 2017 zeigte das Theater seine Aufführung auch bei der Konferenz der Deutschen Nationalen Gebietskulturautonomie in Omsk. Dazu wurde der Autor Hugo Wormsbecher aus Moskau eingeladen, der vom Publikum mit stehendem Beifall gefeiert wurde.

Das Theaterstück hinterließ jedes Mal einen tiefen Eindruck beim Publikum, und dass nicht nur bei den Russlanddeutschen, vielmehr ging allen Zuschauern die Geschichte um das grauenvolle Schicksal einer wolgadeutschen Familie unter die Haut. In „Unser Hof" schildert Wormsbecher aus der Perspektive des Jungen Fritz das Leben seiner deportierten Familie in der sibirischen Verbannung.

Der Vater, früher Lehrer, wird zur Zwangsarbeit mobilisiert und landet als Holzfäller im Arbeitslager. Dort erleidet er einen schweren Unfall und wird – gelähmt und erblindet – zur Familie entlassen. Er stirbt, ohne von Fritz wieder als Vater erkannt worden zu sein.

Die mit den drei Kindern Arno, Fritz und Mariechen allein gebliebene Mutter wird zum Kommandanten bestellt, der sie auf Arbeitsfähigkeit in einem Arbeitslager überprüft. Zwar wird sie entlassen, stirbt aber später an den Folgen der Erfrierungen, die sie sich auf dem Rückmarsch nach Hause zuzieht.

Die Schwester Mariechen wird Opfer eines Wolfsrudels, das den Pferdeschlitten anfällt, mit dem ein gutmütiger Bekannter, Großväterchen Semjonytsch, die drei Waisen in den Nachbarort bringen will. Auch

der Bruder Arno verschwindet – er geht seine Großeltern suchen. Fritz erkrankt vor Kummer; in seinen Traumvisionen sieht er sich, in sein Vaterhaus, „unseren Hof", an der Wolga zurückgekehrt, wo die ganze Familie vor seinem geistigen Auge vorbeizieht, selbst der Großvater, ein Held aus den Zeiten des Bürgerkrieges, der von den Weißen erhängt wurde.

„Wie kaum ein Anderer hat der am 26. Juni 1938 in Marxstadt (heute Marx) an der Wolga geborene und nachher in der Verbannung in Sibirien aufgewachsene Hugo Wormsbecher die Traumata seiner vom Totalitarismus unseres Jahrhunderts so gebeutelten Landsleute literarisch zu bewältigen versucht", schrieb der Literaturkritiker Ingmar Brantsch zum 70. Geburtstag von Hugo Wormsbecher (in: VadW 6/2008).

1941 wurde seine Familie in die Altairegion, Sibirien, deportiert. Nach dem Schulabschluss im sibirischen Barnaul und dem Militärdienst zog er 1962 nach Alma-Ata, wo er in verschiedenen Berufen, zuletzt als Lehrer für Deutsch und Sport, arbeitete. Wormsbecher absolvierte die Fakultät für Redakteure des Moskauer Polygraphischen Instituts. Ab 1965 war er in der deutschsprachigen Tageszeitung „Freundschaft" (Zelinograd), ab 1970 in der Moskauer Zeitung „Neues Leben" und in den Jahren 1980 bis 1990 als Redakteur des Almanachs „Heimatliche Weiten" tätig. Er verfasste mehrere Bücher, Novellen, Erzählungen, Drehbücher und Bühnenstücke sowie zahlreiche literaturkritische Beiträge, historisch-literarische Übersichten und publizistische Artikel zu aktuellen Problemen der Russlanddeutschen.

Seit 1963 ist Wormsbecher einer der Aktivisten der deutschen Nationalbewegung in der Sowjetunion der Nachkriegszeit; er war Teilnehmer der beiden Delegationen der Russlanddeutschen 1965 und 1988, die sich für die Wiederherstellung der Wolgadeutschen Republik einsetzten. Er gehörte zu den Mitbegründern der deutschen Nationalbewegung „Wiedergeburt" und bemüht sich nach wie vor um die Wiederherstellung

der historischen Gerechtigkeit gegenüber den Russlanddeutschen.

Wormsbecher gehört auch zu den ersten, die sich an das „verbotene" Thema der Deutschen in der Sowjetunion heranwagten. Bereits 1970 legte er dem „Neuen Leben" das erste Kapitel der Erzählung „Unser Hof" unter dem Titel „Vaters Spur" als selbständige Kurzerzählung vor. „Das Urteil war zwar positiv, aber veröffentlichen durfte man sie damals nicht. Um die Kurzerzählung druckbar zu machen, wurden mir einige Änderungen vorgeschlagen. So sollte der unterernährte deutsche Vater nicht aus der Trudarmee zu seiner Familie in Sibirien zum Sterben entlassen werden, sondern aus einem faschistischen Konzentrationslager. Ein bemerkenswertes Angebot, aber nicht für mich", berichtete Wormsbecher in einem Interview[1].

Als er dann später die volle Fassung vorlegte, war die Reaktion dieselbe: Gut, aber man darf es nicht veröffentlichen. Eine klare Anweisung, die Erzählung nicht zu drucken, kam auch vom ZK der KPdSU.

---

[1] Das vollständige Interview mit Hugo Wormsbecher – „Die Existenz der russlanddeutschen Literatur stellt ihre höchste Leistung dar" – der Almanach „Heimatliche Weiten" und die russlanddeutsche Nachkriegsliteratur – lesen Sie im Heimatbuch 2006 der Landsmannschaft der Deutschen aus Russland e.V.

Szenen aus der Inszenierung.

Erst 1984 und 1988 kam es zur Veröffentlichung der Erzählung. Wormsbechers andere Erzählung „Deinen Namen gibt der Sieg dir wieder" wurde 1975 ebenfalls auf Anweisung des ZKs der KPdSU gestoppt.

In der Sowjetzeit war es noch Jahrzehnte nach dem Krieg und der teilweisen Rehabilitierung der „Sowjetdeutschen" durch die Regierungserlasse von 1955, 1964 und 1972 undenkbar bzw. verboten, über das traumatische Schicksal der Russlanddeutschen zu schreiben. Worte wie „Kolonist", „Wolgaheimat", „Sonderansiedler", „Trudarmee", „Autonomie", „Kommandantur" oder „Zwangsarbeit" waren verpönt. Begriffe wie „nationale Würde", „nationale Geschichte und Kultur" oder „nationale Identität" waren aus dem Bewusstsein des Volkes auf unrühmliche Weise entfernt worden.

Erst im Zuge der Liberalisierung nach 1985 konnten die Tabus durchbrochen werden. In den 1980er Jahren erschienen einige Veröffentlichungen russlanddeutscher Autoren, die die größten Traumata der Russlanddeutschen mit unterschiedlicher Intensität thematisierten.

Förderlich für das nationale Selbstbewusstsein der Deutschen in der Sowjetunion war die Eröffnung des Deutschen Schauspieltheaters in Temirtau 1980, das auf Gastspielreisen ging und unter anderem Stücke russlanddeutscher Autoren spielte. Zum Beispiel das Stück „Die Ersten" von Alexander Reimgen, gewidmet der Beteiligung der Deutschen an der Neulanderschließung in Kasachstan. Auch die Trilogie „Auf den Wogen der Jahrhunderte" von Viktor Heinz, ein historisches Drama, wurde vom Theater aufgeführt. Sie zeigte die gesamte Geschichte der Russlanddeutschen von der Auswanderung nach Russland bis zum Aufbruch in das Land der Vorfahren.

Auch im Zuge der verstärkten Auswanderung Ende der 1980er und vor allem in den 1990er Jahren, die nicht nur die ehemaligen Ballungswohngebiete der Deutschen leer fegte, konnte die jahrzehntelang totgeschwiegene Geschichte der Deutschen in der Sowjetunion und ihren Nachfolgestaaten nie wirklich aufgearbeitet werden. Während in Deutschland eine Erinnerungsliteratur entstanden ist, die angesichts ihrer Vielfalt und Bandbreite beeindruckt, ist das tragische Schicksal der Deutschen in der öffentlichen Wahrnehmung der postsowjetischen Zivilgesellschaften nie in erkennbarem Maße in Erscheinung getreten.

So gesehen, markiert die Aufführung von „Vaters Spur" nach einem Werk, das 15 Jahre lang nicht zur Veröffentlichung zugelassen wurde, einen Meilenstein und hat überregionale Bedeutung. Die Information über die Theateraufführung verbreitete sich blitzschnell im Netz. Das Schauspieltheater Tara hat bereits Anfragen aus anderen Regionen des Landes und sogar aus Kasachstan und Deutschland erhalten.

In seiner Ansprache nach der Theateraufführung in Omsk sagte Hugo Wormsbecher unter anderem: „Die Erzählung ,Unser Hof' wurde lange vor der Perestroika-Zeit geschrieben, die Veröffentlichung wurde allerdings 15 Jahre lang verboten. Aber auch nach der Veröffentlichung in ,Heimatliche Weiten' blieb sie noch lange unter Aufsicht. So wollte das Deutsche Schauspieltheater in Kasachstan (Temirtau/Alma-Ata) die Erzählung auf die Bühne bringen, doch das Vorhaben scheiterte.

Ebenso war es 1989, als das sowjetische Mosfilm-Studio zusammen mit einem westdeutschen Filmstudio die Erzählung verfilmen wollte und im letzten Augenblick die Mitteilung aus Deutschland kam, dass sich das deutsche Studio aus dem Projekt zurückziehe, angeblich um die Beziehungen zwischen Westdeutschland und der Sowjetunion, die heute sehr gut sind, nicht zu gefährden.

Vor etwa 15 Jahren hatte das Theater an der Taganka in Moskau vor, eine Theateraufführung nach ,Unser Hof' in Angriff zu nehmen, doch auch dieses Vorhaben scheiterte.

Heute, 76 Jahre nach dem Beginn unserer Tragödie, ist es endlich gelungen, diese Erzählung und damit das lange totgeschwiegene Thema auf die Theaterbühne zu bringen. Ich bin dem Gebiet Omsk zutiefst dankbar dafür, dass es gerade hier in Sibirien, wo die meisten meiner Landsleute in der Verbannung waren, gelungen ist, das Vorhaben zu verwirklichen. Mein Dank geht auch an die Deutsche Nationale Kulturautonomie des Gebietes Omsk für die Unterstützung des Projektes.

Aber ganz besonders danke ich dem Schauspieltheater der Stadt Tara, seinem Chefregisseur und seinem Team – für den Mut, das Thema anzugehen, für die eindringliche, authentische Verinnerlichung und Vermittlung der Inhalte und der damaligen Zeitatmosphäre, für das tief empfundene Mitgefühl mit der Tragödie der Russlanddeutschen. Ich denke und hoffe, dass dieses Theaterstück eine überregionale Bedeutung und Resonanz haben wird.

Damit hat das Theater als erstes in unserem Land ein Zeichen für die Annäherung unserer Völker gesetzt, die nur aufgrund der wahrheitsgetreuen Darstellung der Geschichte und der Entkräftung von Vorurteilen durch Vermittlung von Wissen und Kenntnis stattfinden kann. Das ist auch wichtig für die Nationalitätenpolitik unseres Landes und das multinationale Land selbst, weil es das gegenseitige Verständnis zwischen den Völkern vertieft und fördert.

Wir spüren heute, dass andere Zeiten eingetreten sind. Auch unser Land ist anders geworden als noch vor 15 Jahren. Heute ist es wieder in der Lage, auch große Probleme in Angriff zu nehmen. Und ich denke, dass es heute imstande ist, auch längst überholte Fragen zu lösen, wie die Wiederherstellung der Gerechtigkeit gegenüber den Russlanddeutschen – dem einzigen bis heute nicht rehabilitierten Volk."

Nina Paulsen (nach einem Interview der Verfasserin mit Hugo Wormsbecher, HB der LmDR 2006; Beitrag von Dr. Walther Friesen, Dortmund)
Fotos: Andreas Dell

Stellungnahme von Dr. Chmel-Menges vom 26. Januar 2018
In dem Verwaltungsstreitverfahren Verein AFZ ETHNOS e.V. gegen Land Nordrhein-Westfalen vertreten durch die Bezirksregierung Arnsberg Dezernat 36

Verwaltungsgericht Gelsenkirchen

Verwaltungsgericht • Postfach 10 01 55 • 45801 Gelsenkirchen

Verein Ausbildungs- und
Forschungszentrum ETHNOS e. V.
vertreten durch den Vorstandsvorsitzenden
Dr. Walther Friesen
Bermesdickerstraße 9
44357 Dortmund

31. Januar 2018

Seite 1 von 1
Aktenzeichen:
6 K 1893/17
bei Antwort bitte angeben

Bearbeiter:
Frau Hambuch
Durchwahl:
0209 1701-104

Sehr geehrte Damen und Herren!

In dem Verwaltungsstreitverfahren

Verein Ausbildungs- und Forschungszentrum ETHNOS e. V.
gegen
Land Nordrhein-Westfalen

werden anliegende Schriftstücke mit der Bitte um Kenntnisnahme übersandt.

Mit freundlichem Gruß
Auf Anordnung

Hambuch
Verwaltungsgerichtsbeschäftigte

Dienstgebäude und
Lieferanschrift:
Bahnhofsvorplatz 3
45879 Gelsenkirchen
Telefon 0209 1701-0
Telefax 0209 1701-124
verwaltung@
vg-gelsenkirchen.nrw.de
www.vg-gelsenkirchen.nrw.de

Öffentliche Verkehrsmittel:
Alle Linien bis Haltestelle Hbf

Maschinell erstellt, ohne Unterschrift gültig

Bezirksregierung
Arnsberg

Bezirksregierung Arnsberg · Postfach · 59817 Arnsberg

Verwaltungsgericht Gelsenkirchen
6. Kammer
Postfach 10 01 55
45801 Gelsenkirchen

Verwaltungsgericht
Gelsenkirchen

Eing.: 3 0. JAN. 2018

.....fach.....Akt.....Heft.....Anl.

Datum: 26. Januar 2018
Seite 1 von 2

Aktenzeichen:
6 K 1893/17
bei Antwort bitte angeben

Auskunft erteilt:
Dr. Christian Chmel-Menges
christian.chmel-
menges@bra.nrw.de
Telefon: 02931/82-2913
Fax: 02931/82-2909

Dienstgebäude:
Seibertzstr. 1
59821 Arnsberg

In dem Verwaltungsstreitverfahren

Verein Ausbildungs- und Forschungszentrum ETHNOS e.V.

- Kläger -

g e g e n

**Land Nordrhein-Westfalen
vertreten durch die Bezirksregierung Arnsberg
Dezernat 36, Seibertzstraße 1, 59821 Arnsberg**

- Beklagte -

wegen des Ablehnungsbescheids der Bezirksregierung Arnsberg vom
25.01.2017 zum Antrag des Vereins Ausbildungs- und
Forschungszentrum ETHNOS e.V. vom 07.11.2016 auf Gewährung
einer Zuwendung des Landes Nordrhein-Westfalen

Hauptsitz:
Seibertzstr. 1, 59821 Arnsberg

Telefon: 02931 82-0

Az.: 6 K 1893/17

poststelle@bra.nrw.de
www.bra.nrw.de

Servicezeiten:
Mo-Do   08:30 – 12:00 Uhr
             13:30 – 16:00 Uhr
Fr   08:30 – 14:00 Uhr

gebe ich Ihnen einen aktuellen Beitrag des Herrn Hugo Wormsbecher
auf der Internetseite der Klägerin, ETHNOS e.V., zur Kenntnis.

Herr Wormsbecher bedauert darin u. a., dass die von ihm geforderte
"Wiederherstellung der russlanddeutschen Staatlichkeit" auf dem Gebiet
der heutigen Russischen Föderation bei der XXII. Sitzung der Deutsch-
Russischen Regierungskommission für die Angelegenheiten der
Russlanddeutschen am 23./24. Mai 2017 in Bayreuth "mit keinem Wort
erwähnt" worden sei.

Landeskasse Düsseldorf bei
der Helaba:
IBAN:
DE27 3005 0000 0004 0080 17
BIC: WELADEDD

Umsatzsteuer ID:
DE123878675

Wichtiger Hinweis (wegen weiterer digitaler Postbearbeitung):
Unterlagen bitte nicht klammern, heften oder kleben und möglichst im DIN-A4-Format senden.

Bezirksregierung
Arnsberg

Seite 2 von 2

Anlage:
„'Aktualisierung' gestoppt! – Aber Assimilierung bezahlt Deutschland
weiter? (Über die XXII. Sitzung der Regierungskommission ‚für die
Angelegenheiten der Russlanddeutschen')". Ausdruck vom 26.01.2018
des o. g. Beitrags auf der Internetseite des ETHNOS e. V. (Link:
http://www.afz-ethnos.org/index.php/aktuelles/129-aktualisierung-
gestoppt-aber-assimilierung-bezahlt-deutschland-weiter)

(Dr. Christian Chmel-Menges)

| Suchen ... | 0 |

Startseite	Aktuelles	Forschung	Bildung	Projekte
Veranstaltungen	Über den Verein	Service		

Hauptkategorie: ROOT

«Aktualisierung» gestoppt! - Aber Assimilierung bezahlt Deutschland weiter?

(Über die XXII. Sitzung der Regierungskommission «für die Angelegenheiten der Russlanddeutschen»)

Na, sollen denn die Menschen weiterhin auf dem Müllberg hausen?..
– In einem Monat bitte die Frage lösen!
W. Putin

I

Am 23.-24. Mai 2017 fand in Deutschland, Bayreuth (Bayern), die XXII. Sitzung der Deutsch-Russischen Regierungskommission für die Angelegenheiten der Russlanddeutschen unter Co-Vorsitz des Leiters der Föderalen Agentur für Nationalitätenangelegenheiten Igor Barinow (von der russischen Seite) und des Beauftragten der Bundesregierung für Aussiedlerfragen und nationale Minderheiten Hartmut Koschyk statt.

Die Regierungskommission wurde vor 25 Jahren gemäß «Protokoll über die Zusammenarbeit zwischen der Regierung der Russischen Föderation und der Regierung der Bundesrepublik Deutschland zur etappenweisen Wiederherstellung der Staatlichkeit der Russlanddeutschen» gebildet. Demnach könnte man also meinen, die bilaterale Kommission dürfte dieses Jahr ihre Silberhochzeit feiern. Die Feierlichkeiten fanden aber nicht in der wiederhergestellten Republik statt (25 Jahre waren dazu wohl eine viel zu kurze Zeit! Oder wurde eine politische Abtreibung vorgenommen?). Sie fanden auch nicht in dem Land statt, in dem beschlossen wurde, die Staatlichkeit wiederherzustellen (nachdem zwei Drittel des Volkes aus dem Land hinaus gestoßen wurden, war es nicht so einfach, sich festzulegen, wo denn dies getan werden soll?). Und bei diesem Jubiläum ihrer Unfruchtbarkeit haben die beiden Seiten die Wiederherstellung der Staatlichkeit mit keinem Wort erwähnt (haben sie denn ein Vierteljahrhundert danach vergessen, wozu sie eigentlich in Kontakt getreten sind?).

Man kann mit Fug und Recht behaupten, dass noch keine Sitzung dieser Kommission mit solchen Erwartungen und Besorgnissen seitens der Russlanddeutschen verbunden war. Und dies ist auch verständlich: Schon 76 Jahre lang warten sie auf ihre

Text des Beitrages von Hugo Wormsbecher „«Aktualisierung» gestoppt! – Aber Assimilierung bezahlt Deutschland weiter?"

«Aktualisierung» gestoppt! – Aber Assimilierung bezahlt Deutschland weiter?

(Über die XXII. Sitzung der Regierungskommission «für die Angelegenheiten der Russlanddeutschen»)

Na, sollen denn die Menschen weiterhin auf dem Müllberghausen?..
– In einem Monat bitte die Frage lösen!
W. Putin

I

Am 23.–24. Mai 2017 fand in Deutschland, Bayreuth (Bayern), die XXII. Sitzung der Deutsch-Russischen Regierungskommission für die Angelegenheiten der Russlanddeutschen unter Co-Vorsitz des Leiters der Föderalen Agentur für Nationalitätenangelegenheiten Igor Barinow (von der russischen Seite) und des Beauftragten der Bundesregierung für Aussiedlerfragen und nationale Minderheiten Hartmut Koschyk statt.

Die Regierungskommission wurde vor 25 Jahren gemäß «Protokoll über die Zusammenarbeit zwischen der Regierung der Russischen Föderation und der Regierung der Bundesrepublik Deutschland zur etappenweisen Wiederherstellung der Staatlichkeit der Russlanddeutschen» gebildet. Demnach könnte man also meinen, die bilaterale Kommission dürfte dieses Jahr ihre Silberhochzeit feiern. Die Feierlichkeiten fanden aber nicht in der wiederhergestellten Republik statt (25 Jahre waren dazu wohl eine viel zu kurze Zeit! Oder wurde eine politische Abtreibung vorgenommen?). Sie fanden auch nicht in dem Land statt, in dem beschlossen wurde, die Staatlichkeit wiederherzustellen (nachdem zwei Drittel des Volkes aus dem Land hinaus gestoßen wurden, war es nicht so einfach, sich festzulegen, wo denn dies getan werden soll?). Und bei diesem Jubiläum ihrer Unfruchtbarkeit haben die beiden Seiten die Wiederherstellung der Staatlichkeit mit keinem Wort erwähnt (haben sie denn ein Vierteljahrhundert danach vergessen, wozu sie eigentlich in Kontakt getreten sind?).

Man kann mit Fug und Recht behaupten, dass noch keine Sitzung dieser Kommission mit solchen Erwartungen und Besorgnissen seitens der Russlanddeutschen verbunden war. Und dies ist auch verständlich: Schon 76 Jahre lang warten sie auf ihre Rehabilitierung, schon vor 26 Jahren wurde in Russland das Gesetz «Über die Rehabilitierung repressierter Völker» verabschiedet, schon vor 25 Jahren wurde das russisch-deutsche Protokoll über die Wiederherstellung ihrer Staatlichkeit unterzeichnet, und schon so viele Jahre wird von der Kommission im Schweiße ihres Doppel-Angesichts dieses Protokoll umgesetzt – Es muss doch endlich etwas das Licht der Welt erblicken, wenn von den Seiten überhaupt etwas erzeugt werden kann! Oder hat sich diese Ehe als fruchtlos entpuppt? Und haben «Elternteil Nr. 1 und Elternteil Nr. 2» zwar ihre Bereitschaft zum Ausdruck gebracht, für Russlanddeutsche Sorge zu tragen, aber blieben sie bei der Besprechung des Kindergeldes stecken?

Erwartungen wurden auch durch eine nie dagewesene Heimlichtuerei rund um die Vorbereitung auf dieses Treffen erhitzt, beinahe wie im Vorfeld der Teheraner Konferenz im Jahr 1943: Von der russischen Seite nirgendwo ein Wort über die Tagesordnung; die Zusammensetzung des russischen Teils der Kommission wurde nicht, wie gewöhnlich, einen Monat zuvor von der Regierung bestätigt, sondern erst am Abschlusstag der Sitzung (hat das zu bedeuten, dass die «russische Seite» nicht legitim war?) und erst zwei Tage nach der Abreise aller Kommissionsmitglieder veröffentlicht. Also, es muss doch etwas faul im Staate Dänemark sein, wenn einer routinemäßigen Sitzung der Kommission der Status eines solchen Staatsgeheimnisses verliehen wird!

Daher wirkten besonders aufregend die Gerüchte darüber, dass diesmal die Regierungskommission in Besetzung von besonders hochgestellten Amtspersonen ans Werk geht und dementsprechend solle man sich auf nicht standardmäßige Entscheidungen gefasst machen. Und wenn man berücksichtigt, dass von der russischen Seite schon seit mehreren Jahren auf die Notwendigkeit hingewiesen wird, das Protokoll «zu aktualisieren», das heißt zu überprüfen, genauer gesagt, die maßgebende Bestimmung über die Wiederherstellung der Staatlichkeit aus dem Protokoll herauszunehmen (Als Vorzeichen konnte «der Erlass des Präsidenten der RF» vom 31. Januar 2016, Nr. 34 gewertet werden), so könnte die erhöhte Besorgnis der Russlanddeutschen durchaus verständlich sein. W. F. Baumgärtner (Präsident des Internationalen Verbandes russlanddeutscher Vereinigungen) hat die beiden Seiten in einem Schreiben unmissverständlich gebeten, klare Kante zu zeigen, aber vergebens: In den «Angelegenheiten der Russlanddeutschen» «werden die Unseren von Russen nicht ausgeliefert». Und die deutsche Seite (als Ergebnis einer solchen Konvergenz?) hat sich wohl auch dafür entschieden, ihre Aktivitäten «zugunsten der Russlanddeutschen» nicht sonderlich zur Schau zu tragen – Man weiß ja nie?

Unter diesen Umständen hat unsere initiative «Expertengruppe für die Angelegenheiten der Russlanddeutschen», die kurz vor der Einberufung der Kommission gebildet wurde, sich zum Ziel gesetzt, ihr ein Stück Arbeit abzunehmen. Und so hat sie vollkommen unentgeltlich die Situation aus ihrer Sicht für die Kommission ausgewertet. Sie hat sogar das «Alternative Kommuniqué-Projekt» für das künftige Treffen vorbereitet: Unterzeichnen Sie es doch mal, und lehnen Sie sich in den Strahlen des eigenen Ruhms und der ewigen Dankbarkeit der Russlanddeutschen zurück. «Der offene Appell» an die Regierungskommission mit diesen Initiativen wurde in zwei Sprachen verfasst und an beide Seiten versendet, den Aktivisten zugestellt, ins Internet gestellt; in der renommierten Zeitung «DipKurier / Russlanddeutsche Allgemeine» (Chefredakteur K. Ehrlich) wurden innerhalb von zwei Tagen mehr als 100 Einzelunterschriften, darunter auch die mehrerer bekannter Russlanddeutschen, und eine Kollektivunterschrift im Namen von 1300 Personen, gesammelt.

Im «Appell» wurde die Kommission unter anderem aufgefordert, zur Lösung ihrer Hauptaufgabe zurückzukehren, von der sie sich so weit entfernt hat, also, zur Wiederherstellung der russlanddeutschen Staatlichkeit; sie wurde aufgefordert, keine Auswechselung der Interessen des Volkes gegen eigennützige Interessen der Projektträger zu zulassen; sie wurde ferner aufgefordert, sich jeweils an die russische und deutsche Regierung mit dem Vorschlag zu wenden, die Politik gegenüber den Russlanddeutschen, die den Belangen des Landes widerspricht, die Ungleichheit ihrer Völker beständig macht, den Geist und den Buchstaben seines Grundgesetzes, Normen des Völkerrechts, der Gerechtigkeit, der Menschlichkeit und des gesunden Menschenverstandes missachtet und, im Grunde genommen, die 1941 begonnene Politik der Repressalien und der Diskriminierung gegenüber den Russlanddeutschen fortsetzt, endlich zu überprüfen.

Also, die lang erwartete Sitzung hat stattgefunden. Und auch das offizielle Kommuniqué wurde unterzeichnet. Was haben denn Russlanddeutsche als Antwort auf ihre Erwartungen und ihre Bestrebungen, ihren beiden „Eltern", vertreten durch doppelgesichtige Regierungskommission, zu helfen, erhalten?

Man kann sagen, dass es zwei Neuigkeiten gibt: Eine gute, die andere von denen, die zwar schlimmer sein können, aber selten. Fangen wir, also, guten Mutes, mit der guten Neuigkeit an.

***

Unter Berücksichtigung langjähriger Besorgnisse, die sich in der Vorahnung der drohenden nationalen Katastrophe verstärkt haben, lässt sich die «gute Neuigkeit» sogar als sehr gut bezeichnen: DIE «AKTUALISIERUNG» WURDE GESTOPPT! Das heißt, es ist den Gegnern der Wiederherstellung der Staatlichkeit nicht gelungen, sie von der Tagesordnung abzusetzen! Im Kommuniqué selbst wird sie mit keiner Silbe erwähnt, aber das Kommuniqué enthält auch keinen einzigen Hinweis darauf, dass diese Angelegenheit ad acta gelegt ist, und dies, geben Sie doch zu, ist für uns, die nicht mit Freuden verwöhnt sind, schon eine große Freude! Dies hat Waldemar Eisenbraun, Vorsitzender der Landsmannschaft der Deutschen aus Russland, Sitzungsteilnehmer und Mitglied des deutschen Teils der Regierungskommission, in aller Offenheit in einer kleinen, in der Verbandszeitung „Volk auf dem Weg" (2017/06) erschienenen Mitteilung erstmals zum Ausdruck gebracht:

«Während der 22. Sitzung der Russisch-Deutschen Regierungskommission für die Angelegenheiten der Russlanddeutschen wurde die Absicht geäußert, das Grundprotokoll zu ändern. In diesem Zusammenhang habe ich zu verstehen gegeben, dass die etappenweise Rehabilitierung der Russlanddeutschen als dessen Kerngedanke unverändert bleiben soll».

Diese knappen Worte verdienen die größte Aufmerksamkeit. Warum?

1. W. Eisenbraun ist nicht schlichtweg ein Russlanddeutscher, er ist Leiter der ältesten und bis heute der größten Organisation der Russlanddeutschen in Deutschland.

2. Solche Erklärungen können nicht als eigene Meinung definiert werden, sie bilden den Standpunkt einer Organisation, ihrer Mitglieder. Und wenn man bedenkt, dass sich die Landsmannschaft in dieser Angelegenheit jahrelang in Schweigen gehüllt hat, ist der Stellenwert dieser Erklärung kaum zu überschätzen.

3. Diesmal gehörten zum deutschen Teil der Regierungskommission, außer W. Eisenbraun, zwei weitere, nicht einfache Russlanddeutsche: Mitglied des Deutschen Bundestages Heinrich Zertik und Vorsitzender der Jugendorganisation der Landsmannschaft Walter Gauks. Es ist kaum anzunehmen, dass der vom Vorsitzenden der Landsmannschaft geäußerte Standpunkt mit ihnen nicht abgestimmt wurde.

4. Es ist bekannt, dass diese drei Mitglieder der Regierungskommission aktiv damit beschäftigt sind, Kontakte zum Beauftragten der Bundesregierung

41

für Aussiedlerfragen und nationale Minderheiten, Co-Vorsitzenden der Regierungskommission von deutscher Seite, Hartmut Koschyk zu pflegen. Und man kann sich schwer vorstellen, dass diese Erklärung ihm völlig überraschend kam.

5. Einige Tage vor der Sitzung der Regierungskommission wurde eine repräsentative Gruppe der Russlanddeutschen in Deutschland, drei künftige Sitzungsteilnehmer inklusive, von der Bundeskanzlerin Angela Merkel empfangen. Mit Genugtuung haben Teilnehmer dieses Treffens festgestellt, dass es im Geiste der völligen gegenseitigen Verständigung stattgefunden hat.

6. Schließlich sind in der Politik alle Initiativen, Erklärungen und Entscheidungen immer als Ergebnis einer längeren Abfolge der Ereignisse, als Resultat langwieriger Arbeit, als Ausdruck ernstzunehmender Interessen, von wem sie auch vertreten mögen, zu werten. Es ist uns wohl bekannt, welch eine große Arbeit von russlanddeutschen Aktivisten, deren Organisationen und schlichtweg von den Menschen, denen das Schicksal des Volkes nicht egal ist, in den vergangenen Jahren durchgeführt wurde: in ihren Organisationen, in den medialen Stellungnahmen, den heftigen Internet-Diskussionen, den Appellen an die oberste Führungsspitze bis hin zu den Staatschefs beider Länder im Hinblick auf die Rehabilitierung. Und so kann man mit Fug und Recht behaupten, dass unsere «gute Neuigkeit» ein wichtiger Meilenstein dieser Arbeit, ein Verdienst von abertausenden Menschen ist. Eine andere Entscheidung wäre übrigens gesetzwidrig: Sie stünde in Widerspruch zum auf dem Territorium Russlands geltenden Gesetz «Über die Rehabilitierung repressierter Völker».

II

Und was hat es mit der «schlimmen Neuheit» auf sich? Die schlimme Neuheit ist das offizielle Kommuniqué selbst. Es ist so weit von den langjährigen Erwartungen des Volkes, die im „Alternativen Kommuniqué" (von dem man nach Ansicht eines Aktivisten „Gänsehaut kriegt") zum Ausdruck gebracht wurden, entfernt und ist eine so höhnische Antwort auf diese Erwartungen, dass man von ihm geradezu physisch angewidert wird.

Das Kommuniqué hat gezeigt, dass zum gegenwärtigen Zeitpunkt die «Russische Seite», das heißt, das Hauptsubjekt bei der Umsetzung von Gesetzen, Beschlüssen und Vereinbarungen über die Rehabilitierung der Russlanddeutschen, tief in die Grube abgerutscht ist, in die sie auch die «Angelegenheiten der Russlanddeutschen» hineingebracht hat. In dieser Grube drehen sich die Räder der festsitzenden Kut-

sche ab und zu weiter, der Motor heult hin und wieder auf und der Jahresbedarf an Brennstoff wird auch verbraucht, aber es geht keinen Schritt voran und die Grube wird nur immer tiefer. Und die Nebelwand mit viel Tamtam nimmt an Dichte immer zu. Und es werden immer neue Versuche unternommen, das «erreichte» Festsitzen in der Grube für ein irgendwann einmal gestecktes hehres Ziel auszugeben. Es sind sogar Versuche, dieses Festsitzen für die einzige derzeit mögliche «Lösung der Frage» auszugeben. Und dabei deren Finanzierung fortzusetzen, und zwar, in einer für die Russlanddeutschen fortwährenden erniedrigenden Proportion: Von russischer Seite etwas «nach Möglichkeit», und von deutscher Seite das Mehrfache: nicht für die durch Gesetze und Vereinbarungen vorgesehene «etappenweise Wiederherstellung der Staatlichkeit», sondern zur Förderung der berufsmäßig hantierenden Auftrags-Sussanins, die sich einst bereit erklärt haben, diese Russlanddeutschen in die lichte Zukunft zu führen, sie aber offenbar in die falsche Richtung gelotst haben. Darüber grinst beinahe jede Kommuniqué-Zeile. Zur Bestätigung seien einige Zitate mit Anmerkungen angeführt, auf die man schlichtweg nicht verzichten kann.

„Die Kommission bewertete die von beiden Seiten durchgeführten Fördermaßnahmen für die Russlanddeutschen im Jahr 2016 als positiv (*und wie werden sie von Russlanddeutschen selbst bewertet, wurde dies von der Kommission ermittelt?*), die Maßnahmen führten zur Stabilisierung der ethnokulturellen Entwicklung der Russlanddeutschen (*«Stabilisierung» bei ausbleibender Lösung ihrer Aufgaben – ist es gut so?*). Es ist gelungen, den Konsolidierungsprozess der Selbstorganisation der Russlanddeutschen zusätzlich zu stärken (*hat denn die familiäre «Selbstorganisation» einen Riss bekommen?*).

Eine Erweiterung des Spektrums der Tätigkeit der Kommission eröffnet neue Möglichkeiten für die russisch-deutsche Zusammenarbeit, für die Entwicklung der Volksdiplomatie und der Zivilgesellschaften beider Länder sowie für die Ausweitung der wirtschaftlichen Zusammenarbeit. (*Es ist eine solche Afterphilosophie, dass man das Gefühl hat, der offizielle Kommuniqué-Text wurde von A bis Z vom IVDK erstellt… Und noch etwas: schafft «die Erweiterung des Spektrums» «neue Möglichkeiten» auch für die Rehabilitierung der Russlanddeutschen?*)

Der Präsident der FNKA der RD, H. Martens, berichtete, dass der IVDK im Rahmen der Umsetzung der Beschlüsse der 21. Sitzung der Regierungskommission im Interesse der Russlanddeutschen und ihrer Nachbarn in 54 Regionen der RF (*d.h. also, für die Hälfte der Bevölkerung Russlands*) ca. 4.500

42

Projekte organisierte und durchführte. (*Wie viele «Nachbarn» wurden denn in die Massenszenen und im Sinne einer guten Rechenschaftslegung involviert? Konnten «Drahtzieher» unter ihnen ermittelt werden?*)

Die Arbeit zur Ausbildung einer sozialökonomischen Basis der Selbstorganisation der Deutschen Russlands sei fortgesetzt worden. (*Heißt das, dass die «Basis» der familiären Arbeitsgemeinschaft noch nicht ausgebildet ist? Welch ein Maß an „Hilfe für Russlanddeutsche" braucht sie noch?*). Die Jugendorganisation hat schon ein sehr hohes Niveau in ihrer Arbeit erreicht und ist ausreichend für die effektive Lösung der gestellten Aufgaben vorbereitet. (*Aufgaben zur Verhinderung der Rehabilitierung?*)

Beide Seiten bestätigen, dass der Internationale Verband der Deutschen Kultur, die Föderale National-Kulturelle Autonomie und der Deutsche Jugendverband die volle Verantwortung für die Planung, Ausführung und Finanzierung aller Projekte, die aus Mitteln des BMI finanziert werden, zur Unterstützung der Russlanddeutschen in der Russischen Föderation tragen. (*Es fällt wohl einer einzigen Familie nicht einfach, Verantwortung für die Aktivitäten von, man denke und staune, zwei Staaten zu tragen! Oder werden sie durch Finanzierung durch BMI zu einer Heldentat beflügelt? Und noch etwas: «Verantwortung» für die Auswechslung der Rehabilitierung des Volkes gegen Familien-Business wird von dieser Dreifaltigkeit nicht getragen?*)

Die Kommission schätzt die Tätigkeit der Föderalen Selbstorganisation der Russlanddeutschen und der dazugehörigen Föderalen Autonomie, des Internationalen Verbandes Deutscher Kultur und des Deutschen Jugendverbands sehr hoch ein und stellt fest, dass beide Seiten in der Selbstorganisation einen zuverlässigen und verantwortungsvollen Partner haben, der nicht nur die Befriedigung ethno-kultureller Bedürfnisse der russischen Bürger deutscher Nationalität fördert (*worin zeigt sich denn die Zuverlässigkeit dieses „Partners" und womit fördert er denn?*), sondern auch die richtige Balance zwischen ethno-kultureller und gesellschaftlicher Identität gefunden hat (*das heißt zwischen Widerstand gegen die Rehabilitierung und Förderung einer totalen Assimilation?*) und einen Beitrag für die Aufrechterhaltung des Friedens zwischen den Nationalitäten sowie die Eintracht in Russland leistet. (*Mit einem Wort, Ende Gelände für Russland ohne H. Martens und seine Multi-Stellvertreterin O. Martens?! Und das soll Niveau eines offiziellen Regierungsdokumentes von zwei Staaten sein?!*)

Die Regierungskommission bittet die deutsche Seite, die Frage der Übergabe des Deutsch-Russischen Hauses in Moskau an die Selbstorganisation der Russlanddeutschen zu erörtern (*das heißt auch das Deutsch-Russische Haus, das vor einem Vierteljahrhundert von deutscher Seite mit Zustimmung der russischen Seite für die föderalen gesellschaftlichen Organisationen der Russlanddeutschen erworben, renoviert und ausgerüstet wurde, aus dem sie schon seit längerer Zeit verdrängt sind und in dem schon lange eine «Werkvertragsselbstorganisation» herumwirtschaftet, soll nun «zur Stärkung der wirtschaftlichen Basis» der Familie übergeben werden?*)

Die beiden Seiten nahmen Informationen des Präsidenten des IVDK der RD H.H. Martens zur Kenntnis (*waren denn „Informationen" von irgendjemand auf der Sitzung zulässig?*), demzufolge die Arbeiten an dem Maßnahmenkonzept (-komplex) zur ethno-kulturellen und sozialökonomischen Entwicklung der Russlanddeutschen auf der Grundlage und in Erfüllung des Erlasses Nr. 34 des Präsidenten der Russischen Föderation vom 31.01.2016 (*d.h. des Erlasses über den Ausschluss der Ziele und Aufgaben aus dem Namen der Regierungskommission, der Worte über die „Wiederherstellung der Staatlichkeit der Russlanddeutschen" - Welche „Entwicklung" hat er denn anvisiert? Und wird dieser Erlass auch von Martens umgesetzt?*) zum Zwecke der sozialökonomischen Entwicklung der Russlanddeutschen in den Regionen und der Weiterentwicklung der deutsch-russischen Zusammenarbeit bei Fragen der Unterstützung der Russlanddeutschen abgeschlossen sind. (*Hat denn niemand auf dieser Sitzung beim Anhören dieser zunehmenden Afterphilosophie die Ohrwascheln im Dreieck hüpfen lassen? Haben alle sie wohlbehalten nach Hause getragen?*) Der Konzeptentwurf wurde von den Beratungsgremien des IVDK und des FNKA bewilligt (*d.h. von der Familie wurden ihre eigenen Vorschläge zur Stärkung ihrer «wirtschaftlichen Basis» und zur Umsetzung des «Erlasses Nr. 34» gebilligt?*) und wird gegenwärtig in Übereinstimmung mit dem in der Selbstorganisation üblichen demokratischen Verfahren (*seit wann denn sind in der «Selbstorganisation», in der schon seit Jahren das Wort «Rehabilitierung» tabu ist, «demokratische Verfahren» zulässig?!*) in den regionalen gesellschaftlichen Organisationen der Russlanddeutschen diskutiert (*auch in den regionalen Nationalen Kulturautonomien, die sich geweigert haben, der «Selbstorganisation» beizutreten?*)

Beide Seiten nahmen Informationen der Ersten stellvertretenden Vorsitzenden des IVDK, Frau Olga Martens, über die 2016 durchgeführten und für 2017 geplanten deutschrussischen Gemeinschaftsprojekte zur Kenntnis. (*Können denn die Hohen Seiten selbst über diese Projekte nicht reden?*)

Unter Stützung auf Initiativen Russlanddeutscher in Russland und in Deutschland, einschließlich deren Familienangehörigen, werden beide Seiten neue Formen des Zusammenwirkens suchen, die der Erhöhung der Attraktivität der Subjekte der Russischen Föderation dienen sollen. (*Haben denn die Seiten zufälligerweise keine Absicht, «neue Formen» zu suchen, die der Wiederherstellung der Staatlichkeit der Russlanddeutschen dienen sollen?*)

Die Kommission erachtet als einen weiteren wichtigen Bereich die Festigung und Ausweitung der Arbeit der Kultur- und Geschäftszentren der Russlanddeutschen „Deutsch-Russische Häuser" nicht nur im Bereich der Kultur, sondern auch in Fragen der Anbahnung von geschäftlichen Beziehungen zwischen den Unternehmen beider Länder unter Teilnahme von Russlanddeutschen und unter Berücksichtigung der Interessen der Regionen einschließlich der deutschen nationalen Rayons. (*Und warum kann man denn nicht endlich ein „Kultur- und Geschäftszentrum" in Form einer territorialen Autonomie der Russlanddeutschen einrichten, und über ein solches Zentrum nicht kleinkarierte, sondern auf staatlicher Ebene funktionierende wirtschaftliche und sonstige Zusammenarbeit in Gang setzen? Und noch etwas: die heutigen «Kultur- und Geschäftszentren» stellen praktisch eine weitere Auswechslung der primären Aufgaben der Kommission gegen Werkvertragsinteressen der Regionen unter Verdrängung aus dem Prozess sowohl der Russlanddeutschen, als auch derer Kultur. Sehen denn die «Seiten» dies bis heute nicht ein? Oder ist es heutzutage ihr Hauptziel?*)

Die Kommission hat die Liste der vom IVDK vorgestellten deutsch-russischen Gemeinschaftsprojekte gebilligt. (*Heißt das, dass die Liste von Projekten für Russland und Deutschland gegenwärtig vom IVDK festgelegt wird?*)

Die Regierungskommission hat die Bereitschaft des IVDK zur Kenntnis genommen, auch weiterhin eine strenge Kontrolle darüber zu haben, dass zu den Personen und Organisationen, die von der Förderung der Russlanddeutschen profitieren, niemand aus den Sanktionslisten der UNO gehört. (*Heißt das, dass sich der Bock bereit erklärt hat, die Kontrolle im Garten zu übernehmen? Wer „profitiert denn sonst so von der Förderung der Russlanddeutschen", wie der IVDK? Und noch etwas: Wird denn jetzt der IVDK auch seine rechtswidrige Einverleibung der Föderalen Nationalen Kulturautonomie mit strafrechtlich relevanter Fälschung ihrer Gründungsdokumente der UNO offenlegen?*)

Aber auch das wäre zu wenig

«Beide Seiten kamen überein, das gebotene Monitoring der Projekte zukünftig nicht mehr von der GIZ (*GIZ – Deutsche Gesellschaft für internationale Zusammenarbeit*) ausführen zu lassen. BMI und FADN werden gebeten, zu prüfen, ob eine Beauftragung durch die deutsche Seite einer fachlich geeigneten russischen Organisation zur Kontrolle der Wirksamkeit der Umsetzung des Programms zur Förderung der Russlanddeutschen möglich ist». (*Vom hohen Stil wollen wir absehen – es ist geradezu das neue «längste Wort von Mark Twain». Aber es ist nicht möglich, über die entstehenden Fragen hinwegzusehen. Im Einzelnen geht es um Folgendes. Es wäre aufschlussreich, zu erfahren, wer denn eine solche «Bitte» geäußert hat? Vielleicht der IVDK, von dem die GIZ bis heute keinen transparenten Rechenschaftsbericht über den Einsatz deutscher Geldmittel erhalten kann? Und wer wird denn jetzt für diese Kontrolle statt GIZ sorgen? Schon wieder IVDK? Oder hat er schon einen zuverlässigen Anwärter auch für diese «Kontrolle»? Hauptsache aber ist: Ist denn die deutsche Seite in dieser Frage ganz und gar rechtlos? Soll sie jetzt Geld ihrer Steuerzahler für sämtliche Projekte des IVDK gehorsam hinblättern, die von ihm selbst vorgeschlagen, von ihm selbst gebilligt, von ihm selbst umgesetzt und von ihm selbst kontrolliert werden? Sind denn unsere sehr geehrten «Elternteil Nr. 1 und Elternteil Nr.2» «bei der Förderung der Russlanddeutschen» in Person des als «Deutscher Tätigen» H. Martens nicht doch zu weit gegangen? Und ist es denn nicht an der Zeit, Russlanddeutsche selbst in den Prozess, und zwar, in allen seinen Stadien, einzuschalten?*)

Im Kommuniqué heißt es auch, dass die Kommission die Situation um das Deutsch-Russische Haus in Kaliningrad erörtert hat; dort wurde die «Gesellschaft für deutsche Kultur und Russlanddeutsche «Eintracht» als ausländischer Agent eingestuft und dort wurde eiligst das „Kultur- und Geschäftszentrum der Russlanddeutschen in Kaliningrad" gegründet. Ein kleines Detail: Es wurde von demselben H. Martens gegründet. Und von der Kommission wurde diese schicksalsträchtige Bedeutung dieses Details hervorgehoben: «Die Beteiligung folgender gesamtrussischer gesellschaftlicher Organisationen: IVDK, FNKA der RD, JdR (*also, derselben familiären „Selbstorganisation"*) und Stiftung der Russlanddeutschen „Wiedergeburt" (gegründet gleichfalls von denselben IVDK, FNKA der RD, JdR) als Gründer machte es möglich, dem KGZ der RD des Verwaltungsgebietes

Kaliningrad einen guten repräsentativen Status zu verleihen und es auf das föderale Niveau zu heben. (*Wie erhebend wirkt allein der Name IVDK!*)

Und dann: «Beide Seiten werden Anstrengungen für die Übertragung der bislang als Deutsch-Russisches Haus Kaliningrad genutzten Immobilie auf den neugegründeten Träger unternehmen (…). Der IVDK sorgt für eine möglichst breite Beteiligung der Russlanddeutschen aus dem Verwaltungsgebiet Kaliningrad in der Mitgliederstruktur der Assoziation „Kultur- und Geschäftszentrum der Russlanddeutschen in Kaliningrad". (*Was soll das, avancierte das «Zentrum» schon zur «Assoziation»? Mit denselben Gründern? Und das gleiche Schicksal wartet landesweit auch auf die anderen Russisch-Deutschen Häuser, Kultur-Geschäftszentren und so weiter und so fort? Wozu tut man denn das? und für wen?*)

Beide Seiten begrüßen die anhaltende Verbesserung der Situation im gesellschaftlichen Bereich der Russlanddeutschen des Verwaltungsgebietes Kaliningrad und werden gemeinsam die Initiativen des KGZ unterstützen. (*«Anhaltende Verbesserung» erinnert sehr an die rechtswidrige Besetzung der FNKA: Damit sich niemand mehr traut, Rehabilitierung auch nur mit einem Wort zu erwähnen? Und noch ein Detail: Am Vorabend der Regierungskommission hat das Gericht in Kaliningrad die Beschuldigungen, «Eintracht» / Deutsch-Russisches Haus sei ein «ausländischer Agent» für unbegründet erklärt. Es ist anzunehmen, dass die Regierungskommission keine Zeit mehr hatte, dies zu berücksichtigen. Oder wollte sie der Unterordnung der regionalen Russisch-Deutschen Häuser und der Kultur- und Geschäftszentren der familiären «föderalen Selbstorganisation» nicht im Wege stehen?*

Und noch etwas. Schon nach der Sitzung der Kommission erfolgte in Kaliningrad eine IVDK-Truppenlandung. Vize-Präsidentin der FNKA Faina Glasunowa und IVDK-Koordinator Grigorij Serebrennikow (sicherlich die Russlanddeutschen in zig Generationen – denn in die «Selbstorganisation» nimmt man nur die Russlanddeutschen!) trafen sich mit den in und bei Kaliningrad lebenden Russlanddeutschen, «um die Situation rund um das Russisch-Deutsche Haus zu besprechen»; sie gaben «Antworten selbst auf die schwierigsten Fragen und beruhigten Menschen». Und das IVDK-Vokal- und Instrumentalensemble «AkzeNt» trat in der Stadt im Rahmen eines Festivals auf. Und da drängt sich die Frage auf: 4500 Projekte in 2016 – sind sie auch aus dieser Reihe? Oder hat schon die Umsetzung des IVDK-Konzeptes «in Erfüllung des Erlasses des Präsidenten Nr. 34» begonnen?)...

Wir bitten unsere Leser um Entschuldigung: Uns ist schon lange von diesem fokussierten Schwachsinn übel, aber wir müssen ihn uns eben mit allen Sinnen vergegenwärtigen. Denn dieser Schwachsinn stammt nicht nur von der «Selbstorganisation» selbst, sondern dies ist Schwachsinn, der schon seit 25 Jahren als internationale Zusammenarbeit «zugunsten der Russlanddeutschen» deklariert wird!

Und schließlich das Allerwichtigste

«Beide Seiten haben die gemeinsame Einsicht in die Notwendigkeit der Aktualisierung des Protokolls aus dem Jahr 1992 (…), ihre Absicht bekräftigt, die Arbeit am Projekt der neuen Regierungsvereinbarung über die Förderung der Russlanddeutschen fortzusetzen. (*Sehr geehrte Seiten! Nach dem vergangenen Vierteljahrhundert haben Russlanddeutsche von Ihrer „Förderung" so sehr den Kanal voll, dass sie Ihnen nur einen Rat erteilen können: Setzen Sie erst einmal die angenommene Vereinbarung um, und nach der Wiederherstellung ihrer Staatlichkeit könnte man sich Gedanken auch über eine weitere Vereinbarung machen!*)

Beide Seiten haben vereinbart, im Herbst dieses Jahres auf Arbeitsebene Vereinbarungsprojekte zu erörtern und ein gemeinsames Projekt im Rahmen der Russisch-Deutschen Arbeitsgruppe zu erstellen».

(*Da schießen einen schon andere Gedanken durch den Kopf. Heißt das, die Absicht, die Frage nach Rehabilitierung endgültig ad acta zu legen, bleibt? Das heißt, also, die Absicht, sie auf das Niveau vor Verabschiedung des Gesetzes «Über Rehabilitierung repressierter Völker», vor Unterzeichnung des Protokolls über die Zusammenarbeit zur etappenweisen Wiederherstellung der Staatlichkeit der Russlanddeutschen und vor der Gründung der Regierungskommission zur Umsetzung des Protokolls zurückzuführen? Wenn dem so ist, so wäre es wohl besser, die Frage gleich auf das Niveau von 1941 zu «aktualisieren»? Und Russlanddeutsche nicht als Hehler von Spionen und Saboteuren auf ihren Weizenfeldern während der letzten Ernte, sondern als Spione und Saboteure selbst zu titulieren? Erst recht, weil sie nun jede Menge „Verwandte im Ausland" haben? Und dann sollte man damit beginnen, Arbeitsarmeelager mit Stacheldraht zu reanimieren – das wird sicherlich preisgünstiger sein, als die Republik wiederherzustellen? «Und Deutschland soll helfen» - so hat einst B. Jelzin die Bundesrepublik aufgefordert, den Anhängern der Autonomien beim Ausgraben von Geschossen auf dem Übungsplatz «Kapustin Jar» zu helfen? Es gibt aber auch eine andere Variante: Wenn schon diese Regierungs-*

45

kommission ihre Idee von der «Aktualisierung», von der sie besessen ist, gar nicht loswerden kann, wäre es nicht einfacher, die Kommission selbst zu aktualisieren – fernab von den «Angelegenheiten der Russlanddeutschen»?)

III

Wie wir sehen, hat die Kommissionssitzung erneut eindeutig unter Beweis gestellt, dass beide Seiten total vergessen haben, wozu diese Kommission überhaupt gebildet wurde. Und immer wieder befassten sich Kommissionsmitglieder ausschließlich mit Projekten für die familiäre «Selbstorganisation» von H. Martens. Und schon wieder werden Russlanddeutsche von der «Russischen Seite» überhaupt nicht wahrgenommen. Sie haben schon so viel Gift und Galle beim Gedanken an eine solche „Vertretung" gespuckt, also, an dieses «Mädchen mit vermindertem sozialem Verantwortungsbewusstsein», das bereit ist, jeden Kunden für gutes Geld zu bedienen und sogar die «Umsetzung des Erlasses Nr. 34» zu übernehmen, mit dem die vollständige Rehabilitierung der Russlanddeutschen unmöglich gemacht wird. Braucht derzeit die «nationale Politik» ausschließlich solche «Mädchen»? Aber was hat es dann mit dieser «nationale Politik» auf sich?

Und noch ein Moment: Das Russisch-Deutsche Haus in Kaliningrad wurde als ein «ausländischer Agent» abgestempelt, weil es mit deutschen Geldern gefördert wurde, so wie es nach dem Zerfall der UdSSR auch bei anderen Organisationen der Russlanddeutschen der Fall war. Geld haben sie ausschließlich mit Zustimmung der Russischen Seite erhalten, der es damals (übrigens wie auch heute) schwer fiel, selbständig etwas «zugunsten der Russlanddeutschen» zu fördern. Aber bei der Abklärung dieser ganzen Geschichte hat sich herausgestellt, dass deutsche Gelder nach Kaliningrad über Moskau und – den IVDK von H. Martens – flossen! Bekanntermaßen hat er sich schon seit längerer Zeit bemüht, „Deutsche von Kaliningrad" seiner „Selbstorganisation" anzuschließen, aber vergebens: Sie blieben in der Assoziation regionaler Nationaler Kulturautonomien, die sich für die Rehabilitierung eingesetzt haben. Und dann wurden «Maßnahmen ergriffen», wie auch früher gegen die Unbeugsamen, denen nicht nur «ausländische», sondern auch inländische Hilfen entzogen wurden…

Und noch eins: Strukturen von H. Martens erhalten seit Jahren deutsche Beträge in Millionenhöhe und er beschäftigt sich dabei seit langem mit super-politischen Fragen: Er legt sich gegen die Rehabilitierung der Russlanddeutschen quer und ist auch

mit von der Party, wenn es darum geht, ihre nationale Bewegung zunichte zu machen. Und sind denn seine Strukturen keine «Agenten»? Mehr noch: diejenigen, die von ihm «gefördert werden», werden als ausländische Agenten tituliert; ist er denn selbst kein Agent? Oder ist es für ein solches „Mädchen" nicht von Bedeutung, ob es ein Agent oder kein Agent ist; von Bedeutung ist nur, wessen Agent es ist und wem es Dienstleistungen erbringt?

Vor kurzem haben russische Massenmedien eine aus unserer Sicht sehr gute These des Co-Vorsitzenden der Regierungskommission von Russischer Seite I. Barinow hervorgehoben: «Frieden und Eintracht sind heutzutage im Land ohne Erhalt des einzigartigen Kulturerbes undenkbar, das in den Sprachen der Völker Russlands und in der russischen Sprache aufbewahrt wird». Aber nach der Kommissionssitzung stellt sich die Frage: Ist denn die Fortsetzung der Ungerechtigkeit gegenüber einem Volk der beste Weg zum Frieden und zur Einheit? Oder haben Muttersprache, Kulturerbe der Russlanddeutschen keinen Wert? Und sind sie selbst kein Volk Russlands mehr?

Natürlich gibt es auch Fragen an die deutsche Seite. Sieht sie denn überhaupt nicht, was sich seit mindestens zehn Jahren hier abspielt? Und wenn sie es sieht, warum wird von ihr eine solche Politik befürwortet, die vollkommen in Widerspruch zu den Interessen der Russlanddeutschen, zur internationalen Vereinbarung und zum Protokoll steht? Wurden sie denn nicht von ihr unterfertigt? Ist sie denn für deren Umsetzung nicht mit verantwortlich? Man kann politische Erfahrenheit in ihrer Geduld während der Jelzin-Zeit und in den ersten darauffolgenden Jahren erblicken. Aber warum werden von ihr auch heute so willenlos Kommuniqués unterzeichnet, die nicht einmal eine Andeutung auf die Wiederherstellung der territorialen Autonomie der Russlanddeutschen enthalten, ohne die ihnen gar nichts anderes übrig bleibt, als einer endgültigen Assimilation ausgesetzt zu werden oder in eine unwiderrufliche Auswanderung einzuwilligen? Warum hat sie denn den «Erlass Nr. 34» stillschweigend gebilligt? Einen Erlass, der eindeutig amtlich geprägt ist; einen Erlass, der den Interessen der Staatsdiener und ihrer «Mädchen», aber keineswegs dem Streben nach Wiederherstellung der Gerechtigkeit gegenüber den Russlanddeutschen entspricht? Und warum werden jährlich immer weitere Millionenbeträge für «4500» Seifenoper-Projekte für die fortwährende Assimilation des Volkes von ihr bereitgestellt?

Es fällt einem schon schwer, sich wenigstens einer Äußerung an die Adresse der Mitglieder und der Leiter der Regierungskommission zu enthalten. Si-

46

cherlich sind Sie nur Instrumente der «hohen» Politik. Aber Sie verstehen doch, dass nach Ihren Taten als Machtvertreter Ihr Land, die Macht selbst beurteilt wird, ja danach werden Sie selbst beurteilt. Sie verstehen doch, dass die von Ihnen geführte Politik der Ungerechtigkeit gegenüber einem ganzen Volk weder dem Land, noch der Macht, noch Ihnen die Ehre macht.

Und können Sie sich vorstellen, dass andere Völker Russlands bis heute nicht rehabilitiert bleiben, dass sie in gleicher katastrophaler Situation, wie Russlanddeutsche, bleiben? Ohne ihr nationales Zuhause, in alle Winde verstreut, mit zunehmenden Verlusten an ihrer Muttersprache, nationalen Kultur, ihren Bräuchen und Traditionen? Können Sie sich vorstellen, wie sie einer solchen Politik gegenüberstehen würden, die von Ihnen gegenüber Russlanddeutschen durchgeführt wird? Und dann noch Ihre Initiativen hinsichtlich der Absetzung der Frage nach Rehabilitierung überhaupt. Und hinsichtlich derjenigen, die mit Ihrer Unterstützung Geschäfte vor dem Hintergrund der russlanddeutschen Tragödie machen.

Sie können doch auch annehmen, dass sich unter diesen Völkern Menschen finden würden, die eine solche Politik, ein solches Vorgehen der Behörden und Ihre eigene Tätigkeit als eine blutige Beleidigung ihres Volkes, dessen grenzenlose Verhöhnung, mit allen sich daraus ergebenden Konsequenzen, auch für Sie persönlich, empfinden würden.

Wenn Sie nicht fähig sind, den Schmerz beleidigter Völker wie ihren eigenen Schmerz, die Ungerechtigkeit Ihres Staates gegenüber den Völkern wie Ihre eigene Ungerechtigkeit ihnen gegenüber, wie die Bedrohung der Einheit der Völker im Land und des Landes selbst, nachzuempfinden, so haben Sie in der nationalen Politik nichts zu suchen! Wenn Sie aber diesen Schmerz doch nachempfinden, dann denken Sie wenigstens darüber nach, wie diese Ungerechtigkeiten beendet werden könnten.

Und nun die einfachste Frage: Wer kann Sie heutzutage zwingen, eine ungerechte Politik gegenüber einem ganzen Volk durchzuführen, sofern Sie selbst dies nicht wollen?

IV

Also, welche Schlussfolgerungen lassen sich aus den Ergebnissen der hochverehrten Regierungskommission und des offiziellen Kommuniqués ziehen, in dem schon wieder die Wiederherstellung der Staatlichkeit keineswegs erwähnt wird?

Es sind keine sehr erfreulichen Konsequenzen, aber diejenigen, die gewohnt sind, nicht sich über das Schicksal zu beklagen, sondern zu handeln, sollten doch den realen Sachstand kennen. Und er sieht wie folgt aus.

1. Die Regierungskommission hat sich aus dem Organ für die Steuerung der Wiederherstellung der Staatlichkeit der Russlanddeutschen in ein Organ für Verhinderung der Wiederherstellung ihrer Staatlichkeit vollständig umgewandelt.

2. Die Regierungskommission ist von der politischen Tätigkeit im Bereich der Rehabilitierung des Volkes vollständig zur Projekttätigkeit übergegangen, die zur Assimilierung des Volkes führt.

3. Die Regierungskommission hat ihre Bedeutung in ihrer ursprünglichen Eigenschaft völlig eingebüßt und bemüht sich, in einer neuen Eigenschaft Bedeutung zu erlangen: Eindringen in die anderen Bereiche bilateraler Beziehungen sowie Vermittlung im wirtschaftlichen Bereich in Anspielung auf die Belange russischer Regionen. Wenn sie sich aber von ihren primären Aufgaben entfernt, so sollte man dann aus deren Namen (in Ergänzung zum «Erlass Nr. 34») auch die Worte «für die Angelegenheiten der Russlanddeutschen» ausschließen, und das würde wiederum bedeuten, dass sie aufgelöst werden soll.

4. Die Rehabilitierung der Russlanddeutschen hängt heute, wie auch früher, praktisch von Russland, persönlich von seinem Präsidenten, ab. W. Putin hat überzeugend unter Beweis gestellt, dass Interessen Russlands für ihn die oberste Priorität haben. Die Rehabilitierung der Russlanddeutschen liegt gleichfalls im Interesse Russlands; ausgehend davon scheint die Wiederherstellung ihrer Autonomie als eines für das Land aussichtsreichen Clusters mannigfaltiger Zusammenarbeit mit Deutschland durchaus real zu sein.

5. Deutschland entwickelt im Laufe von 25 Jahren der Zusammenarbeit bei der Umsetzung des Protokolls seit H. Kohl und H. Waffenschmidt in politischer Hinsicht weit mehr Initiativen und in finanzieller Hinsicht war und ist sogar tonangebend, aber in punkto Beschlussfassung fuhr es stets im Kielwasser. Gegenwärtig sind Russland und Deutschland an normaler Zusammenarbeit sehr interessiert, so dass jede Anregung von jeder Seite in diesem zähflüssigen, aber herrlichen und beidseitig vorteilhaften Projekt entscheidend werden kann.

6. Heutzutage wurde in Form der «Selbstorganisation der Russlanddeutschen», in enger Verbindung mit Amtspersonen ein System zur Unterdrückung der nationalen Bewegung der Russlanddeutschen und ihrer nationalen Interessen geschaffen, das bei unlauterer Unterstützung der beiden Seiten die alleinige Vertretung der Russlanddeutschen übernommen und

Geschäfte anlässlich ihrer Tragödie macht, Aktivitäten zum Erhalt ihrer nationalen Identität simuliert.

7. H. Martens scheint in den Jahren seiner Tätigkeit genug getan zu haben, um ins Visier nicht nur der Kontrollorgane zu geraten. Und wenn es ihm noch einmal gelingt, ihnen mit Hilfe seiner Schirmherrn von beiden Seiten zu entfliehen, so soll er, nachdem er mit seiner «Arbeit als Deutscher» das Gedächtnis an seinen deutschen Vater so bemäkelt hat, seine Geschäfte «zugunsten» eines anderen Volkes fortsetzen, das ihm von der Mentalität her näher ist. Unsererseits aber kann er der Verachtung vom ganzen Volk für den Rest des Lebens sicher sein.

8. Russlanddeutsche haben in den letzten 76 Jahren denkbar mögliche Prüfungen bestanden, aber durch Willensanstrengung war es ihnen gelungen, ihren Schmerz dem Verstand zu unterordnen und schon vor 26 Jahren die Beschlussfassung über die Wiederherstellung ihrer Staatlichkeit durchzusetzen. Der Zerfall des Landes hat die Umsctzung dieses Beschlusses gestoppt, aber viele Russlanddeutsche blieben dem großen Ziel treu. Dank diesen Menschen ist viel getan worden und es wird auch viel für das Volk getan. Mittlerweile gelingt es ihnen, auch die «Aktualisierung» zu stoppen, selbst im Rahmen der Regierungskommission, zu der sie schon lange keinen Zutritt haben. Sie sollen weiterhin tapfer bleiben und ihrem Volk, dem großen Ziel die Treue halten. Möge dieses Ziel bald erreicht sein! Die Wahrheit steht an ihrer Seite, und der Sieg soll ihnen sicher sein!

V

So kam es, dass bald nach der Sitzung der Regierungskommission eine ordentliche Fernsehfragestunde des Präsidenten Russlands stattfand. Nach Überschwemmungen, Bränden, aus alten hinfälligen Baracken wenden sich Menschen, abgequält durch Untätigkeit regionaler Behörden, in letzter Hoffnung an den Präsidenten. Und TV-Teams eilen zu ihnen, um eine direkte Verbindung zum Präsidenten herzustellen. Und der Präsident sieht und hört sie. Und reagiert. Und jemand von Millionen wird Hilfe geleistet, darunter auch einer jungen Frau, der eine falsche Diagnose gestellt wurde, wodurch ihre Krankheit ihr letztes Stadium erreicht hat: Soforthilfe wurde schon am nächsten Tag geleistet.

Russlanddeutsche als Volk haben seit 76 Jahren kein eigenes Zuhause, sie haben nicht einmal halbverfaulte Arbeitsarmee-Baracken, wo sie zum letzten Mal «zusammen» gelebt haben; ihnen wurde schon vor 60 Jahren die Diagnose gestellt: «Gute Arbeit». Dies bedeutet bis heute: ihr eigenes Zuhause, wie den anderen repressierten Völkern, „steht ihnen nicht zu".

Und in all den Jahren hat ihnen kein TV-Team einen Besuch abgestattet. Und nicht ein einziger Appell an den Präsidenten – es gab ja so viele davon! – hat ihn erreicht. Sie erhalten lediglich seelenlose nichtssagende Antwortschreiben von denjenigen, die schon seit Jahren dabei sind, die gefassten Beschlüsse über deren Rehabilitierung «umzusetzen»; die immer wieder versuchen, diese Beschlüsse so weit zu «aktualisieren», bis die Frage nach der Rehabilitierung endgültig ad acta gelegt wird; und von diejenigen, die selbst auf den Sitzungen der Regierungskommission für die «Angelegenheiten der Russlanddeutschen» Russlanddeutsche selbst weder sehen noch hören wollen.

Einen Tag vor der Fernsehfragestunde wandte sich das russische Internet-Portal „NazAkzent" an „den Geschäftsführer der FNKA der Russlanddeutschen Heinrich Martens": Was für eine Frage würde er dem Präsidenten stellen? Die Antwort fiel schockierend aus:

«Ende Mai fand eine Sitzung der russisch-deutschen Regierungskommission statt. Das war eine denkwürdige Sitzung unter anderem auch darum, dass zum ersten Mal nach vielen Jahren ein ernstzunehmender Schwerpunkt nicht nur auf die Förderung ethnokultureller Eigentümlichkeit der Russlanddeutschen, sondern auch auf den Ausbau sozialwirtschaftlicher Projekte gesetzt wurde. Und ich würde den Präsidenten fragen, was er über die Erweiterung des Tätigkeitsprofils unserer Kommission denkt? Ich würde auch fragen, ob er beim nächsten Treffen mit Angela Merkel dieses Thema anschneiden könnte, damit die wirtschaftliche Zusammenarbeit beider Länder unter Beteiligung der Russlanddeutschen einen weiteren Impuls zugunsten aller Bürger Russlands und Deutschlands erhalten würde».

Es ist nicht schwer, sich vorzustellen, in welch ein tiefes Nachdenken der Präsident angesichts solcher Fragen «des FNKA-Geschäftsführers» des bis heute nicht rehabilitierten Volkes versinken würde. Er würde sich auch Gedanken darüber machen, wie eilig «Erlass Nr. 35» verabschiedet werden kann, um zu erfahren, ob das ganze Volk psychisch so tief gestört ist, oder vielleicht stimmt etwas nur mit dem «Geschäftsführer» nicht? Man müsste auch «Agententreffs, Losungsworte, Adressen» derjenigen herausfinden, die diesen «Geschäftsführer» als «vertraute Person des Präsidenten» empfohlen haben...

Aber nach der Sitzung der Regierungskommission kann man sich ohne weiteres vorstellen, dass sich Russlanddeutsche über einen «Direkten Draht» zum Präsidenten ohne Vermittler freuen und ihm bei Gelegenheit wenigstens drei folgende Fragen stellen würden.

1. Sehr geehrter Wladimir Wladimirowitsch! Als Einwohner der Siedlung Balaschicha bei Moskau, die seit Jahren verpestete Luft von der dortigen Mülldeponie hinzunehmen haben, Sie kontaktiert haben, haben Sie die Anweisung erteilt, diese Angelegenheit innerhalb eines Monats zu bereinigen, und schon am nächsten Morgen wurde der ein halbes Jahrhundert dauernde Mülltransport dorthin gestoppt. Auf Russlanddeutsche wirken schon drei Vierteljahrhundert lang politische Abfallberge, die mit Abfällen „der nationalen Politik", darunter auch in Form der «Aktualisierungsideen», immer mehr aufgestockt werden, erstickend. Wann wird denn endlich auch dieser „Mülldeponie", die das Leben eines ganzen Volkes vergiftet, der Garaus gemacht?

2. Wir haben eine Bitte, die nicht nur Russlanddeutsche betrifft: Die nationale Politik im Land soll, wie Medizin und Bildung, nicht in einen Dienstleistungsbereich dadurch umgewandelt werden, dass sie auf die „Basis der Eigenwirtschaftlichkeit" umgestellt wird; Werkvertragsstrukturen sollen von der Fassung politischer Beschlüsse hinsichtlich der nationalen Frage ausgeschlossen werden; fremde Hilfeleistungen im nationalen Bereich sollen nur im Interesse eines bestimmten Volkes, aber nicht der Auftragsnehmer von der „nationalen Politik" gestattet sein.

3. Nichtrehabilitierung der Russlanddeutschen ist im Grunde genommen eine jahrzehntelang dauernde Verhöhnung eines ganzen Volkes, Verankerung eines bereits 1941 geschaffenen Präzedenzfalls der durch den Staat geförderten Ungleichheit der Völker. Wann finden denn diese Verhöhnung und diese mangelnde Gleichberechtigung ein Ende?

Es ist uns klar, dass weder lokale, noch regionale bzw. föderale Organe in der Lage sind, diese Fragen zu lösen. Denn sie liegen ausschließlich in der Kompetenz des Präsidenten. Deshalb sind Sie, auch für einige Millionen Russlanddeutsche nicht nur in der GUS, die letzte Hoffnung.

Hugo Wormsbecher,
Leiter der Expertengruppe für die
Angelegenheiten der Russlanddeutschen
(Moskau – Berlin)
30. Juni 2017

Der Große Katharinenball – ein Projekt zu Gunsten von Russlanddeutschen? Olga Martens im Vordergrund. Google: Большой Екатерининский Бал | Großer Katharinenball

Abschrift der Nichtöffentlichen Sitzung der 6. Kammer des Verwaltungsgerichts Gelsenkirchen – Erörterungsterminprotokoll – vom 6. September 2018

Verwaltungsgericht Gelsenkirchen

Verwaltungsgericht • Postfach 10 01 55 • 45801 Gelsenkirchen

**Verein Ausbildungs- und Forschungszent-
rum ETHNOS e. V.**
vertreten durch den Vorstandsvorsitzenden
Dr. Walther Friesen
Bermesdickerstraße 9
44357 Dortmund

7. September 2018

Seite 1 von 1
Aktenzeichen:
6 K 1893/17
bei Antwort bitte angeben

Bearbeiter:
Frau van Dyck
Durchwahl:
0209 1701-105

Az.: Dezernat 36

Sehr geehrte Damen und Herren!

In dem Verwaltungsstreitverfahren

Verein Ausbildungs- und Forschungszentrum ETHNOS e. V.
gegen
Land Nordrhein-Westfalen

wird anliegendes Schriftstück mit der Bitte um Kenntnisnahme übersandt.

Mit freundlichem Gruß
Auf Anordnung

van Dyck
Verwaltungsgerichtsbeschäftigte

Maschinell erstellt, ohne Unterschrift gültig

Dienstgebäude und Lieferanschrift:
Bahnhofsvorplatz 3
45879 Gelsenkirchen
Telefon 0209 1701-0
Telefax 0209 1701-124
www.vg-gelsenkirchen.nrw.de

Öffentliche Verkehrsmittel:
Alle Linien bis Haltestelle Hbf

Informationen zur Verarbeitung personenbezogener Daten in Rechtssachen durch die Justiz bzw. durch das
Verwaltungsgericht Gelsenkirchen finden Sie unter www.justiz.nrw/datenschutz/rechtssachen und unter
http://www.vg-gelsenkirchen.nrw.de/kontakt/impressum/Datenschutz_VG/index.php.

| Abschrift |

Nichtöffentliche Sitzung der 6. Kammer des

Verwaltungsgerichts Gelsenkirchen
-Erörterungsterminprotokoll-

Gelsenkirchen, 6. September 2018

In dem Verwaltungsstreitverfahren

<u>Az.: 6 K 1893/17</u>

<u>Anwesend:</u>

Vorsitzender Richter am VG Dr. Henke
als Berichterstatter
(zugleich als Protokollführer)

des Verein Ausbildungs- und Forschungszentrum ETHNOS e. V., vertreten durch den Vorstandsvorsitzenden Dr. Walther Friesen, Bermesdickerstraße 9, 44357 Dortmund, Gz.: Dezernat 36,

Klägers,

g e g e n

das Land Nordrhein-Westfalen, vertreten durch die Bezirksregierung Arnsberg, Seibertzstraße 1, 59821 Arnsberg,

Beklagten,

wegen Flüchtlings- und Vertriebenenrechts

erscheinen zum heutigen Erörterungstermin:

1. für den Kläger: Herr Dr. Friesen und seine Frau,

2. für das beklagte Land: Herr Dr. Chmel-Menges mit Terminsvollmacht sowie Frau Roeper.

Die Sach- und Rechtslage wird mit den Erschienenen erörtert.

Die Vertreter des beklagten Landes werden gebeten, die Praxis der Förderung nach § 96 Bundesvertriebenengesetz zu erläutern. Sie erklären: Grundlage der entsprechenden Entscheidungen sind § 96 Bundesvertriebenengesetz und §§ 23, 44 Landeshaushaltsordnung NRW sowie die Förderrichtlinien. Entscheidend ist, dass die Erinnerungskultur der betreffenden Bevölkerungsgruppe gefördert bzw. gepflegt wird. Leitmotiv entsprechender Entscheidungen ist aber auch der Gedanke der Völkerverständigung. Es gibt zu diesen Verfahren halbjährliche Förderkonferenzen. Dort stellt jede Bezirksregierung für ihren Bezirk die Projekte vor und es findet ein Austausch der Mittelbehörden untereinander und mit dem Ministerium statt.

51

2

Auf Nachfrage: Herr Werdin von der Landeszentrale für politische Bildung ist über diese in das Ministerium eingebunden.

Auf Nachfrage: Es gibt pro Jahr nur ein begrenztes Budget. Deshalb muss eine Auswahl der zu fördernden Projekte erfolgen. Es stellt sich stets die Frage, ob ein erhebliches Landesinteresse an der Durchführung des einzelnen Projekts besteht. Wir hatten insoweit bei dem Projekt des Klägers Bedenken. Allerdings haben wir diesem mehrfach die Gelegenheit gegeben, neben der Verfilmung des Textes von Herrn Wormsbecher auch andere Themen in den Vordergrund des Workshops zu stellen. Dies ist nicht wirklich geschehen. Deshalb haben wir die Förderung abgelehnt. Das heißt aber selbstverständlich nicht, dass der Kläger die Veranstaltung nicht auf eigene Kosten durchführen darf; das steht ihm natürlich frei.

Auf Nachfrage: Die Höhe der Mittel variiert von Jahr zu Jahr. Von der Größenordnung her handelt es sich in der Regel um einen oberen fünfstelligen oder einen unteren sechsstelligen Betrag.

Auf Nachfrage: In den vergangenen Jahren haben wir die Mittel, soweit erinnerlich, vollständig ausgeschöpft.

Auf Nachfrage: Konkretisierende Regelungen oder Erlasse unterhalb der erwähnten Richtlinie gibt es für diese Projektförderung nicht.

Auf Nachfrage: Wir haben in der Vergangenheit z.B. „Tage der Heimat" und „Barbaratage" sowie Ausstellungen gefördert. Vor allem geht es um Projekte der Vertriebenenverbände. Gefördert wurden auch Buchpublikationen, Feste und Jubiläen, Theaterstücke usw. Stets muss es um das Kulturgut der Heimatvertriebenen gehen. Ein inhaltlicher Bezug zum Thema „Vertreibung" ist erforderlich.

Auf Nachfrage: Maßstab für die erforderliche Priorisierung ist, ob mit einem konkreten Projekt Traditionen aufgegriffen werden, ob die Kultur und Geschichte der Vertriebenen in den Herkunftsgebieten aufgegriffen wird. Entscheidend ist, wie unmittelbar der Bezug zu den Förderzwecken der Richtlinie ist. Z.B. genügt es nicht, eine Förderung für den Auftritt eines russischen Künstlers zu beantragen, sondern es ist ein inhaltlicher Bezug zu den geförderten Zwecken erforderlich.

Auf Nachfrage: Ja, es gibt durchaus auch Vorbilder für den Ausschluss von Projekten wegen einer politisch bedenklichen Konstellation. Das ist zunehmend ein Thema. Z.B. ist vor wenigen Jahren eine Ausstellung gefördert worden, deren Inhalte nach der Richtlinie förderungsfähig waren. Es ist dann aber ein Ausstellungskatalog publiziert worden, dessen Inhalte problematisch waren. Es gab dann Bürgerbeschwerden wegen des Inhalts. Es ging um revisionistische Tendenzen, auch die Kriegsschuldfrage wurde in problematischer Weise thematisiert. Die Diskussion ging dann bis an

3

die Spitze des Ministeriums. Das hat zu einer erhöhten Sensibilität in diesem Zusammenhang geführt. Es sollen keine Projekte gefördert werden, über die man sich in historisch-politischer Hinsicht streiten kann.

Auf Nachfrage: Ein Vorbild für eine Ablehnung wegen derartiger Bedenken aus der jüngeren Vergangenheit können wir jetzt nicht benennen.

Auf Nachfrage: Dass solche Fragen jetzt genau geprüft werden sollen, wird auch durch das Ministerium vorgegeben, etwa auf den erwähnten Förderkonferenzen. Eine Verschriftlichung dieser Vorgabe gibt es allerdings nicht. Z.B. wurde auf einer Konferenz neulich ein Projekt aus einem anderen Regierungsbezirk diskutiert, an dem ein AfD-Mitglied mitwirken sollte.

Auf Nachfrage: Das Ergebnis können wir ad hoc nicht mitteilen.

Der Vertreter des Klägers erklärt: Das Recht des Landes, über die Förderung nach seinem Ermessen zu entscheiden, wird nicht bestritten. Anlass der Klage ist die Bewertung der politischen Rolle von Herrn Wormsbecher. Auf der Veranstaltung soll lediglich das Vorhaben einer Verfilmung der Novelle von Herrn Wormsbecher diskutiert werden. Die Bezirksregierung jedoch argumentiert mit den sonstigen Tätigkeiten bzw. Äußerungen des Autors. Der Aussiedlerbeauftragte der Bundesregierung hat sich jüngst dahingehend geäußert, dass die Rehabilitierung der Russlanddeutschen nach wie vor auf der politischen Agenda stehe. Auch Herr Dr. Fabritius ist durchaus der Auffassung, dass die schriftstellerische und die politische Haltung des Herrn Wormsbecher nicht zu trennen sind. Die Annahme des Ablehnungsbescheides, dass es mehr um die Integration der Russlanddeutschen gehen solle, stimmt nicht mit dem Text des Gesetzes und der Förderrichtlinien überein; für Förderungen dieser Zwecke gibt es andere Töpfe. Die Rücksiedlung von schon in Deutschland befindlichen Russlanddeutschen nach Russland hat Herr Wormsbecher in seinen Beiträgen seit 2007 nie gefordert. Lediglich in dem Text aus 2006 wird das Thema erwähnt, aber mit einem Fragezeichen. Dass jeder sich dort sollte ansiedeln können, wo er will, dürfte im Übrigen selbstverständlich auch Auffassung der bundesdeutschen Behörden sein. Der Begriff „Völkermord" ist im Zusammenhang mit der Vertreibung der Jahre 1941 ff. angemessen. Herrn Wormsbecher als Referent an der Veranstaltung zu beteiligen ist entscheidend, auch weil er ein umfassendes Archiv zur russlanddeutschen Kultur und Literatur gesammelt hat. Der Projektantrag konnte nicht konkreter formuliert werden, weil das einen vorzeitigen Maßnahmebeginn bedeutet hätte. Das Gericht möge entscheiden, ob die Teilnahme des Herrn Wormsbecher an der Veranstaltung wirklich gegen die Landesinteressen verstößt, ob die deutsch-russischen Beziehungen dadurch wirklich gefährdet werden können, ob das Protokoll über die Rehabilitierung der Russlanddeutschen von 1992 noch gültig ist, ob die Einladung eines russischen Theaters mit seinem auf der Novelle von Wormsbecher basierenden Stück förderfähig wäre und ob der Begriff „Genozid" im Zusammenhang mit der Vertreibung der Russlanddeutschen ab 1941 verwendet werden darf.

(Der Vertreter des Klägers reicht sein Redemanuskript zu den Gerichtsakten.)

Der Berichterstatter weist darauf hin, dass die zuletzt genannten Begehren jedenfalls teilweise über den Gegenstand des Klageverfahrens hinausgehen und daher durch das Gericht hier nicht entschieden werden können.

Der Text des Ablehnungsbescheides wird besprochen:

Die Vertreter des beklagten Landes erklären: Die Novelle selbst war nicht so sehr Gegenstand der Überlegungen, die Formulierung „mehr noch" auf Seite 3 des Bescheides ist unglücklich. Allenfalls könnte man der Veranstaltung eine gewisse Einseitigkeit vorwerfen, aber die Ablehnung beruht auf der politischen Tätigkeit des Herrn Wormsbecher. Veranstaltungen, auf denen es nur um das Leid der Russlanddeutschen geht, halten wir für problematisch. Es sollte immer eine ausgewogene Darstellung erfolgen, bei der die Vertreibung auch in den historischen Kontext gestellt wird. Auch der Begriff des Völkermordes ist schillernd und kann zu Irritationen führen, wie etwa der Konflikt um die Armenierfrage belegt. Der Vortrag des Klägers auch in diesem Verfahren lässt daran zweifeln, dass hier eine ausgewogene Darstellung erfolgen würde, die dem konsensfähigen Geschichtsbild entspricht. Wir befürchten, dass „Unser Hof" durch den Kläger nicht angemessen in den historischen Kontext eingebunden würde. Das Geschichtsbild des Klägers repräsentiert insoweit nicht den Mainstream der Russlanddeutschen.

Auf Nachfrage: Es wäre z.B. denkbar gewesen, eine Reihe zu planen, bei der auch die Einordnung in den historischen Kontext erfolgt oder auch die positiven Entwicklungen im Verhältnis der Russlanddeutschen thematisiert werden.

Auf Nachfrage: Wenn „Unser Hof" verfilmt werden soll, dann hätte man zumindest plausibel machen müssen, dass auf dem Workshop auch ein Bemühen um historische Einordnung angestrebt ist.

Der Vertreter des Klägers erklärt: Wir wollen auf dem Workshop schon auch über denkbare andere Projekte sprechen, z.B. über die Verfilmung eines Drehbuchs über die Integration von russischen Akademikern in Deutschland. Wir haben durchaus auch daran gedacht, etwa Herrn Professor Gansel, Herrn Professor Dönningshaus, vielleicht auch Frau Professor Neufeld, in das Netzwerk aufzunehmen.

Auf Nachfrage erklären die Vertreter des beklagten Landes: Es geht ausschließlich darum, dass die vehement verfochtene Forderung nach einer Wiederherstellung der territorialen Autonomie der Russlanddeutschen mit der Politik des Landes Nordrhein-

5

Westfalen so nicht in Einklang steht; die Forderung ist in der heutigen politischen Situation problematisch, man denke an die Entwicklungen der vergangenen Jahre, etwa die Ukraine-Krise usw.

Auf Nachfrage: Was den Rückansiedlungsanspruch (Seite 3 des Bescheides) betrifft, so geht es darum, dass ein solcher Anspruch offensichtlich im Rahmen der Wiederherstellung der territorialen Integrität gefordert worden ist.

Auf Nachfrage: Hinsichtlich der Integrationsthematik (Seite 3 des Bescheides) geht es nicht darum, dass nur Projekte, deren Thema die Integration der Russlanddeutschen ist, gefördert werden sollen, sondern es geht um die Bewertung der politischen Äußerungen des Herrn Wormsbecher und die dahinterstehende Philosophie. Natürlich gilt hier die Meinungsfreiheit, aber das Land Nordrhein-Westfalen darf entscheiden, mit welchen Auffassungen es als Zuwendungsgeber in Verbindung gebracht werden möchte.

Der Vertreter des Klägers erklärt: Wir konnten die Themen des Workshops trotz der Aufforderungen der Behörde noch nicht konkreter benennen. Welche sonstigen Projekte in Bezug auf die Identitätsbestimmung der Russlanddeutschen sinnvollerweise durchgeführt werden könnten, war gerade Thema des beabsichtigten Workshops. Dies vorher schon festzuschreiben, wäre heikel gewesen.

Die Vertreter des beklagten Landes erwidern: Das Land als Zuwendungsgeber will aber doch im Vorhinein schon wissen, in welche Richtung ein von ihm gefördertes Projekt sich entwickeln kann oder soll.

Der Berichterstatter fasst seinen vorläufigen Eindruck von dem Termin zusammen und erklärt, für die Entscheidung komme es angesichts des bestehenden Ermessensspielraums allein darauf an, ob sich die Überlegungen der Behörde, wie sie in dem Bescheid niedergelegt und im Klageverfahren durch die Behördenvertreter konkretisiert worden sind, mit den ermessensleitenden Normen und Richtlinien in Einklang bringen lassen. Es spreche manches dafür, dass dies der Fall sei. Wenn die Behörde – nicht nur in diesem Fall, sondern im Allgemeinen – die politische Sensibilität im Umgang mit dem Thema Vertreibung und Russlanddeutsche wahren wolle, könne sie wohl entsprechende Maßstäbe anlegen. Dass die Behörde bei ihrer konkreten Entscheidung sachwidrige, mit der ermessensleitenden Norm nicht zu vereinbarende Überlegungen angestellt habe, dränge sich nach dem Ergebnis des heutigen Termins jedenfalls nicht auf. Die Entscheidung über die Bewilligung der Förderung selbst stehe der Behörde und nicht dem Gericht zu.

Der Berichterstatter weist vorsorglich darauf hin, dass eine Klagerücknahme zur Reduzierung der Gerichtsgebühren um zwei Drittel führen würde und dass sie einem erneuten, modifizierten Zuwendungsantrag nicht entgegenstünde.

Der Vertreter des Klägers erklärt, dass er nach Erhalt des Terminsprotokolls in den nächsten Wochen mitteilen werde, ob der Kläger an der Klage festhalte.

Der Berichterstatter schließt den Erörterungstermin.

Beginn des Erörterungstermins: 10:00 Uhr
Ende des Erörterungstermins: 12:30 Uhr

Dr. Henke
(zugleich für die Richtigkeit der elektronischen
Umsetzung des Diktats in geschriebenen Text)

Verwaltungsgericht Gelsenkirchen

Verwaltungsgericht • Postfach 10 01 55 • 45801 Gelsenkirchen

20. September 2018

**Verein Ausbildungs- und Forschungszent-
rum ETHNOS e. V.**
vertreten durch den Vorstandsvorsitzenden
Dr. Walther Friesen
Bermesdickerstraße 9
44357 Dortmund

Seite 1 von 1
Aktenzeichen:
6 K 1893/17
bei Antwort bitte angeben

Bearbeiter:
Frau van Dyck
Durchwahl:
0209 1701-105

Az.: Dezernat 36

Sehr geehrte Damen und Herren!

In dem Verwaltungsstreitverfahren
Verein Ausbildungs- und Forschungszentrum ETHNOS e. V.
gegen
Land Nordrhein-Westfalen

wird anliegendes Schriftstück mit der Bitte um Kenntnisnahme übersandt.

Ferner wird die von Ihnen eingereichte Zeitschrift „Volk auf dem Weg"
zurückgesandt.

Mit freundlichem Gruß
Auf Anordnung

van Dyck
Verwaltungsgerichtsbeschäftigte

Maschinell erstellt, ohne Unterschrift gültig

Dienstgebäude und Lieferanschrift:
Bahnhofsvorplatz 3
45879 Gelsenkirchen
Telefon 0209 1701-0
Telefax 0209 1701-124
www.vg-gelsenkirchen.nrw.de

Informationen zur Verarbeitung personenbezogener Daten in Rechtssachen durch die Justiz bzw. durch das
Verwaltungsgericht Gelsenkirchen finden Sie unter www.justiz.nrw/datenschutz/rechtssachen und unter
http://www.vg-gelsenkirchen.nrw.de/kontakt/impressum/Datenschutz_VG/index.php.

Öffentliche Verkehrsmittel:
Alle Linien bis Haltestelle Hbf

Begl. Abschrift!

Az.: 6 K 1893/17

Beschluss

In dem Verwaltungsstreitverfahren

des Vereins Ausbildungs- und Forschungszentrum ETHNOS e. V., vertreten durch den Vorstandsvorsitzenden Dr. Walther Friesen, Bermesdicker-straße 9, 44357 Dortmund,
Gz.: Dezernat 36,

Klägers,

gegen

das Land Nordrhein-Westfalen, vertreten durch die Bezirksregierung Arnsberg, Seibertzstraße 1, 59821 Arnsberg,

Beklagten,

wegen Flüchtlings- und Vertriebenenrechts

hat die 6. Kammer des

VERWALTUNGSGERICHTS GELSENKIRCHEN

am 20. September 2018

durch
den Vorsitzenden Richter am Verwaltungsgericht Dr. Henke

beschlossen:

1. Das Verfahren wird eingestellt.

   Der Kläger trägt die Kosten des Verfahrens.

2. Der Streitwert wird auf 4.968,00 € festgesetzt.

2

Gründe:

Das Verfahren wird gemäß § 92 Abs. 3 Satz 1 der Verwaltungsgerichtsordnung (VwGO) eingestellt, da der Kläger die Klage mit Schriftsatz vom 18. September 2018 zurückgenommen hat. Die Kostenentscheidung folgt aus § 155 Abs. 2 VwGO. Die Festsetzung des Streitwertes beruht auf § 52 Abs. 3 des Gerichtskostengesetzes.

Rechtsmittelbelehrung:

Der Beschluss zu 1. ist unanfechtbar (§ 92 Abs. 3 Satz 2 VwGO).

Gegen den Beschluss zu 2. findet innerhalb von sechs Monaten, nachdem die Entscheidung in der Hauptsache Rechtskraft erlangt oder das Verfahren sich anderweitig erledigt hat, Beschwerde statt, wenn der Wert des Beschwerdegegenstandes 200 Euro übersteigt.

Die Beschwerde ist schriftlich oder zur Niederschrift des Urkundsbeamten der Geschäftsstelle oder als elektronisches Dokument, letzteres nach Maßgabe des § 55a der Verwaltungsgerichtsordnung – VwGO – und der Verordnung über die technischen Rahmenbedingungen des elektronischen Rechtsverkehrs und über das besondere elektronische Behördenpostfach (Elektronischer-Rechtsverkehr-Verordnung – ERVV), beim Verwaltungsgericht Gelsenkirchen, Bahnhofsvorplatz 3, 45879 Gelsenkirchen, einzulegen. Über sie entscheidet das Oberverwaltungsgericht für das Land Nordrhein-Westfalen, Aegidiikirchplatz 5, 48143 Münster, falls das beschließende Gericht ihr nicht abhilft.

Dr. Henke

Beglaubigt
als Urkundsbeamter/in
der Geschäftsstelle des
Verwaltungsgerichts Gelsenkirchen

Auszug aus der Novelle "Unser Hof"

5. Nur eine dunkle Fahne über dem Wasser

Mir ist es auch wirklich kalt. Großväterchen Semjonytsch führt mich in die Stube. Ich zittere am ganzen Leibe. Sogar meine Zähne klappern.

„Da, trink ein bisschen Milch und iss paar heiße Kartoffelpuffer", sagt das Großmütterchen und setzt mich an den Tisch.

Der Becher zittert in meinen Händen. Die Zähne klappern an den Becher. Der Becher ist sehr schwer. Ich kann ihn nicht mehr halten. Ich kann auch nicht mehr sitzen.

„Lieber Gott, schon wieder", höre ich das Großmütterchen sagen.

Man hebt mich auf und trägt irgendwohin. Man trägt mich auf den Schnee, denn es wird mir noch kälter. Ja, auf den Schnee. Auf den frischen Schnee, der erst gefallen ist. Da sind auch noch Arnos Fußtapfen... Arnos Fußtapfen? Also ist Arno auf diesen Fußtapfen fortgegangen? Na ja doch. Und wenn ich jetzt auf diesen Fußtapfen gehe, dann werde ich Arno einholen. Ich muss nur schneller gehen. Ich muss laufen. So, schneller, schneller... Wie gut die Fußtapfen zu sehen sind! Warum bin ich nur nicht gleich Arno nachgeeilt? Ich hätte ihn schon längst eingeholt.

Wenn man läuft, wird es einem warm. Als wir ins Rayonzentrum gefahren waren, hatten wir uns auch so gewärmt. Es ist mir nicht mehr kalt. Es ist mir schon ganz heiß. Ich bin sogar schon ganz verschwitzt. Doch ich muss laufen, ich muss Arno einholen. Nur sind seine Fußtapfen nicht mehr zu sehen. Das ist, weil aller Schnee aufgetaut ist. Der Schnee ist getaut, weil die Sonne scheint. Die Sonne scheint hell. Und der Weg ist schon ganz trocken. Ich laufe und laufe auf diesem Weg, denn diesen Weg entlang ist Arno fortgegangen. Wie lange laufe ich schon? Wahrscheinlich einen ganzen Tag. Nein, mehr: Der Schnee ist längst getaut, und überall ist es trocken.

Aber wo bin ich denn? Wo bin ich denn hingelaufen?

Ei, das ist doch eine Anlegestelle! Das ist doch die Anlegestelle bei uns zu Hause an der Wolga, wo man uns alle eingeschifft hatte, um uns bis zur Eisenbahnstation zu bringen und dort in einen Zug zu setzen. Man hat uns eingeschifft, und als das Schiff abging, stimmten alle ein Lied an und weinten. Auch die Russen, die am Ufer standen und zu uns hinüberblickten, fingen an zu weinen. Nur die Soldaten mit Gewehren, die uns bewachten, damit wir alle gut auf das Schiff kommen, weinten nicht. Weil sie echte Soldaten und rote Kommandeure sind, die nie weinen. Sie hielten nur die Köpfe gesenkt, um das Lied besser zu hören.

Ich höre auch jetzt dieses Lied! Es singt sich irgendwoher selbst...

Nein, es singt sich nicht selbst. Es ist einfach noch von damals, von unserer Abfahrt hier geblieben. Natürlich doch, es wurde ja zum Ufer hin gesungen, also blieb es auch am Ufer.

Aber was stehe ich denn so lange da? Warum laufe ich nicht nach Hause? Unsere Straße ist doch nicht weit von hier... Na ja, hier ist sie ja schon, unsere Straße. Und auch unser Haus. Ich habe es sofort wieder erkannt! Weil es ganz rot ist. Es ist genau so, wie es Mariechen malte.

Dort ist auch der Brunnen mit der Winde im Hof. Und neben dem Brunnen steht ein Bottich. In diesen Bottich goss Vati am Morgen Wasser, und am Tag badete sich Arno darin. Na ja, er badet auch jetzt darin. Auch Robert, mit dem er in die Schule geht, badet mit ihm. Sie haben nur eine Badehose an und sind ganz nass. Sogar der Beutel auf Arnos Rücken ist nass. Sie aber übergießen einander immerfort mit Wasser und lachen, lachen.

Und dort auf der Eingangstreppe sitzt Mariechen. In der Hand hat sie ein großes Stück rotes Brot mit Butter. Sie isst das Brot und schaut auf unsere Meta. Meta reibt sich an der Ecke. Also haart Meta, und wir werden mit Arno einen Ball walken.

Und welch große Stücke Zucker hat Mariechen auf dem Brot! Also hatte sie damals die Wahrheit gesagt. Ich aber dachte, dass sie spinnt.

Ja, warum sitzen denn aber alle so, als wäre auch ich daheim? Ich bin doch nicht da, sie aber machen sich um mich gar keine Sorgen. Mich kann doch ein Hund gebissen oder der Gemeindebulle gestoßen haben.

Vielleicht aber haben sie mich gesucht und nicht gefunden? Denn ich war weit: So lange bin ich doch gelaufen...

Gut, ich gehe selbst in den Hof hinein. Nein, lieber rufe ich, sollen sie mich suchen.

„Ar-no!" rufe ich.

Arno hört auf zu lachen. Er schaut sich um. Doch ich habe mich hinterm Tor versteckt, und er sieht mich nicht.

Ich laufe in den Hof hinein.

„Hier bin ich!" rufe ich laut und laufe zu Arno. „Ich habe dich eingeholt! Ich habe dich eingeholt!"

„Mutti!" ruft Arno. „Fritzchen ist gekommen!"

Aus dem Haus eilt Mutti. Also hat man ihr die Beine schon geheilt, und sie ist gleich nach Hause gegangen?

„Mein Kleiner!" sagt Mutti, nimmt mich auf den Arm und küsst mich, und weint. „Wo warst denn du so lange? Na, komm schneller zu Vati, auch er wartet."

Also ist auch Vati hier? Mutti war also doch zu Vati gekommen, und sie gingen dann zusammen nach Hause? Wie schön!

Wir gehen ins Haus.

„Fritz", sagt Mutti. „Schau mal, wer da gekommen ist!"

„Na, wer mag denn das sein?" fragt Vati. „Oh, ist das nicht unser Fritzchen? Aber ja doch!" Vati hockt sich nieder und breitet weit die Arme aus. „Na, schnell!"

Ich laufe stracks in Vatis Arme. Vati greift mich unter die Arme und hebt mich hoch, hoch, fast bis zur Decke, so dass mir ist, als ersterbe mir etwas unterm Bauch.

„Na, drück mich mal!" sagt Vati.

Ich habe Vati schon lange nicht gedrückt. Und ich bin schon groß und stark. Ich werde ihn jetzt so drücken, dass er gleich „au" rufen wird.

Ich umarme Vatis Hals und drücke ihn aus allen Kräften an mich. Vati macht sogar die Augen zu. Und sagt sofort:

„Au, Fritzje, lass mich los! Du bist ja so stark geworden! Wahrscheinlich kann man dich schon bald in die Schule mitnehmen."

Ich freue mich: Ich wollte schon längst mit Vati in seine Schule gehen.

Vati lässt sich mit mir auf den Fußboden nieder. Also werden wir jetzt miteinander ringen. Ich ringe gern mit Vati. Wenn ich beim Mittagessen alles aufaß, was Mutti mir auf den Teller legte, besiegte ich Vati immer. Heute aber wird wahrscheinlich Vati siegen, denn ich habe schon lange nicht zu Mittag gegessen.

Doch da kommt Arno herein. Er sagt:

„Vati, ich wollte mit Fritzchen ein bisschen im Bottich tauchen. Dürfen wir?"

„Na, geht nur", sagt Vati. „Wir werden dann später ringen."

Ich tauche gern im Bottich, und wir laufen mit Arno auf den Hof hinaus.

Auf dem Hof sehe ich aber viele, viele Leute. Ich habe noch nie so viele Leute gesehen. Doch siehe, ich kenne sie ja alle!

Rechts im Hof sind nur Kinder. Sie sitzen und stehen in großen Gruppen da. Und in jeder Gruppe sitzt in der Mitte mein Vati.

Und links sitzen und stehen Erwachsene. Es sind ihrer auch sehr viele, und auch diese kenne ich alle. Dort ist ja auch unser Opa. Er sitzt auf seinem Pferd, in einer Hand hält er hoch eine rote Fahne, in der anderen unten einen Säbel. Und vom Hals hängt ihm ein abgeschnittener Strick herab. Das Strickende hat sich gelöst und reicht bis an den Säbelgriff.

Ich schaue zurück. Vati brachte einen Stuhl mit hoher Lehne auf die Eingangstreppe heraus. Er sitzt hoch aufgerichtet auf dem Stuhl und schaut mich an. Neben ihm steht Mutti, die Hand auf seine Schulter gelegt, und schaut mich ebenfalls an. Sie schauen auf mich und lächeln. Also hatten sie alle diese da zu Gast geladen? O wie fein!

Wie heiß es aber ist! Das ist, weil die Sonne so brennt. Die Sonne brennt, dass sogar der Kopf weh tut. Und es ist schwer zu atmen. Ich atme mit vollem Mund, und dennoch reicht es nicht. Auch im Mund ist es ganz trocken, und die Zunge fühlt sich an wie rohe Kartoffelschalen.

„Trinken", sage ich heiser.

Großväterchen Semjonytschs Großmütterchen gibt mir Wasser. Sie legt ihre Hand auf meine Stirn und sagt:

„Du lieber Gott, er brennt ja am ganzen Körper!"

Dann verschwimmt sie langsam und ist wieder weg.

Die Sonne brennt immer noch so. Nur den Füßen ist es kühler geworden. Wahrscheinlich deshalb, weil das Wasser, das ich getrunken habe, in die Füße geflossen ist.

Nein, das ist, weil die Erde auf dem Hof kühl ist. Sie ist kühl, weil sie feucht ist. Wahrscheinlich haben Arno und Robert den Hof besprengt, damit es nicht so staubig ist.

Aber nein, auch nicht deswegen. Es ist, weil unser Hof in die Wolga vorrückt. Er geht immer weiter in sie hinein. Unser Hof ist wie ein großes, großes Tablett. Nur ist bei ihm der Boden aus Erde, und als Rand dient der Zaun.

Nun liegt unser Hof schon ganz auf dem Wasser. Wie schön! Unser Hof schwimmt auf dem Wasser wie ein Schiff!

Hier, auf der Wolga, scheint die Sonne noch greller und heißer. Sogar das Schauen tut weh, und der ganze Himmel ist in Kreisen, in bunten und schwarzen. Aus diesen Kreisen fallen Schneeflöckchen. Die Schneeflöckchen fallen geradewegs ins Wasser. Und im Wasser werden daraus silberne Fischchen.

Aber nein, das sind doch keine Fischchen. Das sind ja Kamelchen! Es sind kleine silberne Kamelchen! Fällt ein Schneeflöckchen ins Wasser, gluckst aus dem Wasser ein Kamelchen. Es streckt den langen Hals hoch, schüttelt sich das Wasser ab und geht dann auf dem Wasser neben dem Hof her. Die Schneeflöckchen fallen dicht, so dicht, und über das ganze Wasser schreiten langsam, den Kopf hoch, kleine Kamelchen. Wie schön das doch ist!

Aber was ist denn das dort, hinter dem Zaun? Dort fährt ein Wagen. Ein Wagen fährt auf dem Wasser? Na ja doch, direkt auf dem Wasser. Das Wasser ist so eben und glatt, und der Wagen rollt leicht darüber hinweg. Er rollt herbei zu unserem Tor.

Aber wer ist denn da vor den Wagen gespannt? Ei, das ist ja Tante Ida! Sie stemmt sich mit ihren alten Filzstiefeln an das Wasser und schleppt den Wagen an den Deichseln. Aus den Löchern in den Filzstiefeln schauen bunte Lappen heraus. Tante Ida schleppt den Wagen und hebt dabei langsam ihre Beine mit den Filzstiefeln nach hinten und seitwärts, immerzu nach hinten und seitwärts.

Und wer sitzt bei ihr hinten auf dem Wagen? Das ist doch auch Tante Ida! Wie interessant: Tante Ida fährt sich selbst.

Jene Tante Ida, die auf dem Wagen sitzt, schaut her zu mir. Sie schaut mich an, lächelt schlau und winkt mich mit dem Finger zu sich. Wozu ruft sie mich? Will sie mit mir die Filzstiefel tauschen? Aber ich habe doch keine Filzstiefel an, ich bin doch barfüßig.

Oder will sie, dass ich unseren Hof verlasse? Meint sie, dass ich ohne unseren Hof sein kann? Ohne unseren Hof, wo meine Mutti lebt, und mein Vati, und Arno, und Maria, und alle, alle, die ich liebe? Wie kann ich sie alle verlassen? Auch bin ich doch schon groß und muss jetzt helfen, den Hof in Ordnung halten... Was denkt sich denn Tante Ida?

Vielleicht aber will auch sie in unseren Hof und ruft mich, da ich ihr das Tor aufmache? Aber das Tor darf man doch nicht öffnen, durch das Tor wird Wasser hereinströmen, und unser Hof wird dann untergehen. Weiß sie das? Will sie das? Wozu ruft sie mich denn?

„Wozu rufst du mich?" frage ich, doch sie schweigt.

Da merke ich, dass unser Hof schon weit, weit vom Ufer in der Wolga ist... Aber nein, das ist wohl schon nicht mehr die Wolga! Gewiss ist das nicht die Wolga! Das ist ein anderes Gewässer. Denn nirgends ist ein Ufer zu sehen. Überall nur Wasser. Wo segeln wir denn? Und wohin segeln wir?

Ja, aber wie werde ich denn jetzt zurücklaufen? Ich will doch zu Großväterchen Semjonytsch und seinem Mütterchen laufen. Ich will zu ihnen laufen, um sie hierher zu bringen, damit auch sie hier seien, mit uns. Ich will, dass sie mit uns sind, weil ich sie so lieb habe. Auch Tante Dascha habe ich lieb: Sie ist gut, sie bringt allen schwarze Kopftücher; soll auch sie mit uns sein. Auch der Vorsitzende, der uns Kartoffeln gegeben hat, soll mit uns sein. Ich werde sie alle herbringen. Und wir werden alle zusammen leben auf einem Hof. Und allen wird es gut gehen.

Bloß wie soll ich jetzt nach ihnen laufen? Wann wird denn unser Hof wieder ans Ufer kommen und seinen Platz einnehmen?

Der Wagen, den Tante Ida zieht, steht schon vor dem Tor. Tante Ida, die auf dem Wagen sitzt, winkt mich wieder mit dem Finger zu sich. Jetzt lächelt sie nicht mehr. Sie schaut auf mich mit grauenhaftem Blick.

„Nein! Ich werde das Tor nicht auftun!"

Dann klopft die andere Tante Ida, die den Wagen zieht, mit dem gekrümmten Finger unerbittlich an das Tor: Tuk-tuk-tuk. Ich schüttele den Kopf: Nein. Und wieder klopft sie: Tuk-tuk-tuk. Jetzt schauen mich schon beide Tante Idas mit grauenhaften Blicken an.

„Nein!" will ich schreien. „Nein!"

Doch ich kann nicht schreien. Ich kann mich nicht mal rühren, weil mir so furchtbar bange ist, dass es mir kalt den Rücken hinunter läuft und sich die Haare auf dem Kopf bewegen.

„Nein!" schreie ich ohne Stimme, doch jetzt treten beide Tante Idas gleichzeitig mit den Füßen gegen das Tor, der Riegel springt ab, und das Tor öffnet sich weit. Ich sehe, wie der Wagen weiter rollt und wie beide Tante Idas auf mich mit bösem Lächeln schauen. Durch das Tor aber stürzt Wasser in unseren Hof. Es wirft mich um, spült mich durch den Hof, wirbelt mich herum und trägt mich zurück zum Brunnen. Samt Eimer rasselt es unter mir in den Brunnen, die Kette abwickelnd, ich aber schaffe es noch, mich mit den Händen an die Winde zu klammern, an der ich mich nun mit aller Kraft festhalte.

Von hier, von oben, kann ich alle sehen, die auf dem Hof sind. Das Wasser steigt immer höher, doch alle stehen nun da und schweigen. Warum schweigen sie? Man muss doch schreien, das Wasser läuft doch in unseren Hof! Warum stehen sie denn alle, tun nichts und schweigen?!

„Warum schweigt ihr denn alle?" – schreie ich, aus letzten Kräften mich über dem Brunnen haltend. „Warum macht ihr denn nichts? Unser Hof geht doch unter!"

Doch mich hört wohl niemand, denn ich schreie ja ohne Stimme, weil ich irgendwie ganz stimmlos bin.

Ich schaue dorthin, wo die Kinder mit meinem Vati sind. Alle sind dort schon überflutet. Nur Vatis Kopf ist an einigen Stellen noch über dem Wasser. Vati schaut weit weg und schweigt auch.

Was aber ist denn das? Er hat ja eine Narbe auf der Stirn! Genauso eine, wie Friedrich Karlowitsch hatte. Wo hat er diese her?

Ich schaue zur anderen Seite. So eine Narbe haben ja alle, die sich auf unserem Hof befanden! Sogar bei den Kindern sind durch das Wasser kleine Narben zu sehen. Auch ich habe eine Narbe, ich sehe sie auch. Also deswegen können wir alle nichts machen! Sogar nicht einmal schreien können wir! Nur mein Großvater hat keine Narbe.

Alle stehen auf dem Hof und schweigen, das Wasser aber steigt immer höher und höher. Schon bedeckt es die Schultern, plätschert an die Gesichter, die nicht einmal zucken. Nun schauen nur noch die Augen unter dem Wasser hervor, auch wieder in weite Ferne. Jetzt verschwinden auch die Narben unter dem Wasser.

Es gibt keine Narben mehr. Es gibt überhaupt keine Narben mehr, weil niemand mehr da ist. Nur mein Opa ist über dem Wasser geblieben. Das ist, weil er auf dem Pferde sitzt. Mit der einen Hand hält er die rote Fahne hoch, mit der anderen den Säbel.

Das Wasser aber strömt immerzu in den Hof. Auch ich bin schon ganz im Wasser. Die hölzerne Brunnenwinde hat sich aus der Angel gehoben, und ich schwimm mit ihr auf dem Wasser. Doch mich treibt es nicht fort, wahrscheinlich ist die Kette an der Brunneneinfassung hängen geblieben und lässt mich nicht von unserem Hofe weg.

Der Hof sinkt immer tiefer. Bald wird auch Opa überflutet sein, und dann werde ich ganz allein auf diesem Wasser bleiben. Was werde ich dann anfangen? Nein, ich will nicht allein sein. Ich will mit allen denen bleiben, die auf unserem Hof waren. Ja, ich will zusammen mit allen sein.

Mit allen? Also soll auch ich unter das Wasser? Ja, auch ich will untersinken. Ich brauch bloß die Winde loslassen. Auf diesem Wasser kann ich doch nicht schwimmen, ich gehe sofort unter. Und werde dann mit allen sein. Zusammen.

Aber darf ich das tun? Ich bin doch der einzige, der von uns allen geblieben ist, und wenn auch ich unters Wasser komme, dann wird schon niemand mehr da sein. Sogar wissen wird niemand und sich erinnern, dass wir mal waren und dass wir auch unseren eigenen Hof hatten.

Doch wozu sich noch daran erinnern? Und warum soll allein ich noch da sein und daran denken? Ich kann es nicht mehr. Ich wollte schon alles vergessen, doch ich kann es nicht. Nichts kann ich vergessen. Aber auch sein, all das wissend, kann ich nicht.

Was, was soll ich denn nun machen? Ich bin schon so müde von allem. So viele Jahre bin ich gelaufen, zu unserem Hause, das nun unterm Wasser ist! So viele Jahre treibt es mich über anderen Wassern! Und so viele Jahre hindurch halte ich mich schon mit der letzten Kraft über dem Brunnen! Ich kann es, kann es nicht mehr. Ich will unters Wasser. Um zu vergessen. Und um nicht mehr zu sein.

Ich schaue auf Opa:

Na, Opa, so sage mir doch, dass auch ich unters Wasser darf, zu den andern. Wozu noch warten? Und worauf warten? Sage mir doch, dass ich es darf. Opa, sag's doch. O bitte, Opa!

Ich schaue auf Opa. Ich schaue auf den Opa und sehe, dass der Strick an seinem Hals sich zu bewegen beginnt. Wahrscheinlich will Opa mir etwas sagen. Wahrscheinlich will er es mir erlauben! Jetzt wird er es mir erlauben, jetzt! Na, Opa, lieber, so sage doch etwas!

Doch Opa schweigt. Der Strick wird vom Wasser bewegt.

Das Wasser steigt immer höher. Jetzt bedeckt es schon Opas Kopf. Nun habe ich auch keinen Opa mehr. Und niemanden habe ich mehr. Nur der Strick schwimmt noch dort, wo mein Opa war.

Es dunkelt. Und es wird kalt. Das Wasser ist unten schon ganz kalt. Ich spüre es, denn der Hof sinkt immer tiefer, und die Kette zieht die Winde und mich mit sich in die Tiefe. Ich bin schon fast ganz unter Wasser.

Noch einmal schaue ich mich um. Über dem Wasser, dem dunklen Wasser ist nichts mehr. Nur eine dunkle Fahne. Unter ihr zuckt lautlos der Strick.

63

© AFZ ETHNOS e. V. Journal of Ethnic Microhistory
Issue 10, IV-2024

Editor: Dr. *(Inst. f. Orient.)* Walther Friesen

Layout Design: Tatiana Friesen

Cover Photo by Tatiana Friesen

Publisher: Dr. Walther Friesen on behalf and with support from the registered association
Training and Research Center ETHNOS / Ausbildungs- und Forschungszentrum ETHNOS e. V.

Reference Address: Bermesdickerstr. 9, 44357 Dortmund, Germany
Tel.: +49 231/317 30 20
E-Mail: afz.ethnos@gmail.com

AFZ ETHNOS e.V.

DORTMUND 2024

Publisher: BoD · Books on Demand GmbH, In de Tarpen 42, 22848 Norderstedt,
bod@bod.de
Print: Libri Plureos GmbH, Friedensallee 273, 22763 Hamburg

This work, including its parts, is protected by copyright. Any use, without the consent of the publisher and the author, is not permitted. This applies in particular to electronic or other reproduction, translation, distribution and making it available to the public.
Bibliographical information of the German National Library: The German National Library records this publication in the German National Bibliography; detailed bibliographic data are available on the Internet at http://dnb.d-nb.de

ISSN 2749-9685   ISBN 978-3-7693-5228-3